U0772678

历史科普系列

草木读孙子兵法

草说木言◎著

深圳出版社

图书在版编目（CIP）数据

草木读孙子兵法 / 草说木言著 . -- 深圳：深圳出版社，2023.6
（历史科普系列）
ISBN 978-7-5507-3801-0

Ⅰ . ①草… Ⅱ . ①草… Ⅲ . ①《孙子兵法》—通俗读物 Ⅳ . ① E892.25-49

中国国家版本馆 CIP 数据核字 (2023) 第 075863 号

草木读孙子兵法
CAOMU DU SUNZI BINGFA

出 品 人	聂雄前
责任编辑	朱丽伟　毛小清
责任校对	李　想
责任技编	郑　欢
装帧设计	知行格致

出版发行	深圳出版社
地　　址	深圳市彩田南路海天综合大厦　（518033）
网　　址	www.htph.com.cn
订购电话	0755-83460239（邮购、团购）
设计制作	深圳市知行格致文化传播有限公司
印　　刷	中华商务联合印刷（广东）有限公司
开　　本	787mm×1092mm 1/48
印　　张	4
字　　数	62 千字
版　　次	2023 年 6 月第 1 版
印　　次	2023 年 6 月第 1 次
定　　价	45.00 元

在现存的中国古代典籍中，要理解先秦诸子百家的著作，难度相对比较高。之所以会如此，是因为主要存在两个方面的理解障碍。

第一个方面的障碍是，今天我们的语言和文字系统，相比两千多年前的先秦时期，已经有了很大变化。许多字词的意思和语法已经发生了偏移，甚至表示的含义完全相反。因此，当我们面对诸子百家著作的时候，就总是需要借助大量辅助性的工具，来逐字逐句地进行解读。这些几千年前的信息也就显得深文奥义、晦涩难懂。好像它们的存在，就是为了刻意习难读者。

对此，需要我们注意的是，先秦诸子百家的著作，主要是由这些学派的中坚，甚至学派的创始人，对学派思想所做的整理归纳，以使之系统化、标准化。这些著作最终都不是为了刻意制造神秘感，刻意让人看不懂的。恰恰相反，它们的出现都是为了让读者能快速理解并接受自己学派的观点。

对当时的人来说，同时代的著作并没有那么大的理解难度，因为这就是他们日常使用的书面语，甚至口语。对这些著作的创作者们而言，他们基于当时的文化现状，已经把事情说得足够简单明了了。也就是说，我们现在所面对的理解障碍，严格来看并不是典籍本身刻意制造的，更多的还是由于时间跨度问题而自然产生的技术性障碍。

第二个方面的障碍是受众的问题。作为学派思想的集成，诸子百家的著作从一开始就不是面向所有人的，它们也并不企图在所有方面都充当解决问题的钥匙。基本上，这些著作都有自己主要的受众和核心议题。

这方面最典型的例子就是《孙子兵法》。提到《孙子兵法》，几乎人人都知道，但是，大家在第一次接触《孙子兵法》的时候，有一个背景往往容易被忽略掉，这就是：《孙子兵法》最早是给谁看的呢？《孙子兵法》诞生的时候，它的最初读者并非普通大众，而是实际拥有国家和军队的群体。《孙子兵法》的内容，实际上是一个军事家在向统帅和君主陈述一套系统的军事理论。它并不需要对军事活动做过多细节上的描述。因此，它在内容上也就显得特别简练。而我们作为普通大众，在阅读《孙子兵法》的时候，就得被迫以超越我们日常生活经验的视角，去理解这些简练的文字所表达的意义，尤其是它们的初始含义。这就是技术性障碍之外的理解障碍。

本书的产生正是基于对以上两个方面的认识，但这并不意味着本书已经完全克服这两个方面的障碍。而是说，在去神秘化并充分认识到以上理解障碍的前提下，本书将尽量用更通俗、更简练的方式，去尝试接近《孙子兵法》在诞生时的原始内核。

目录

[始　章]　战争是一门手艺　001

[第一章]　始计篇：战争的本质和间接路线战略　007

[第二章]　作战篇：战争成本和国家危机　017

[第三章]　谋攻篇：策划进攻的战略原则　031

[第四章]　军形篇：胜利的基础在哪里？　045

[第五章]　兵势篇：用量子力学读兵法　057

[第六章]　虚实篇：如何创造主动权　069

[第七章]　军争篇：战斗指挥，一份孙子也挠头的工作　083

[第八章] 九变篇：什么样的君命可以不听？ 097

[第九章] 行军篇：春秋时代的军队行军和宿营指南 109

[第十章] 地形篇：战役指挥的原则，军事地理与战争的关系 123

[第十一章] 九地篇：置之死地的两个真相 137

[第十二章] 火攻篇：暴力的成本问题 155

[第十三章] 用间篇：情报工作原则 169

[终　章] 孙子的人本唯物论 179

战争是一门手艺

始

章

《孙子兵法》知名度有多高，影响力有多大，这个就不用多说了。目前对《孙子兵法》的研究或者解读，主要有两种形式。一种是走汉儒解经的路线，恨不得给书里的每一个字都写一篇论文。还有一种是走六经注我的路线，用《孙子兵法》的语句和观点来证明自己的各种想法。这两种路线有一个共同的问题——过度解读。

在看《孙子兵法》之前，我们一定要把军事理论和军事操典区分开。如果把军事理论当作一本技术手册的纲要和目录，那军事操典就相当于具体的实施细则。比如同样都是兵法，《李卫公问对》和《孙子兵法》就属于两个范畴。《李卫公问对》的内容更倾向于军队的编制、条令和战斗组织。而《孙子兵法》要谈的，更倾向于战略问题。

战略，是对《孙子兵法》众多的过度解读里，使用最频繁的词语。商业竞争，职场纠纷，情侣关系，等等，这些和军事工作八竿子打不着的领域，都能总结出战略来，还都能和《孙子兵法》扯上关系。商业和职场都是参与人数众多的社会活动。军事，也是一种参与广泛的社会活动。它们在运行逻辑和组织形式上，有相似的原则是非常正常的。从《孙子兵法》里找依据，不过是六经注我而已，说难听点，拉大旗，作虎皮罢了。

战略是一个军事术语，它在军事工作中有特定含义。要谈论《孙子兵法》就必须要搞清楚战略和战术的不同，以及战役和战斗的区别。按照《中国人民解放军军语》的定义：

战略，指的是策划和指导战争全局的方针和策略。

战术，指的是组织和实施战斗的原则。

战役，指的是为了达成一个明确的企图，而在特定的时间和地点所进行的一系列战斗的总和。

战斗，指的是由单个或多个军事单元组织实施的临时性或阶段性行动。

如果战争是一场群架，那《孙子兵法》想做的，就是解释什么是群架，打群架的基本原则，以及如何组织一场群架。至于拿什么家伙，谁先上，谁后上，这不是《孙子兵法》关心的问题。

抛开对战争的神秘化猜想，我们能更清楚地认识到《孙子兵法》的内在含义。

《孙子兵法》是春秋战国时代诸子百

家里，兵家的代表作。其他学派多多少少
都要谈一谈政治体制，说一说人性道德。
而兵家，完全放弃了对这些问题的研究。
在他们看来，战争就是战争，在战争里讨
论道德问题，属于缘木求鱼。就如同子鱼
在宋襄公战败之后所说的：如果在战争里
可怜这个，心疼那个，还不如直接向敌人
投降算了。①兵家直接把关注点放到了技
术层面。兵家是一个以组织实施战争为主
要工作的职业。在兵家的眼里，战争首先
是一个技术问题，怎么打仗是一门技艺。
《孙子兵法》就是对战争进行概念性讲解
的说明书和宣传稿。

　　按照《史记》的说法，《孙子兵法》

---

① 参见《左传·鲁僖公二十二年》："爱其二毛，则如服
　　焉。"

十三篇本来就是孙武到吴国找工作的敲门
砖①。兵家给自己的定位就是：**用最少的时
间，花最少的钱，消耗最少的人力去完成
战争这个项目**。所以孙子说：听我的，咱
们就干；不听我的，那我扭头就走。一
副职业经理人的派头。所谓："将听吾计，
用之必胜，留之；将不听吾计，用之必
败，去之。"

---

① 参见《史记·孙子吴起列传》："以兵法见于吴王阖庐。"

始计篇:
战争的本质和间接路线战略

第一章

始计篇

孙子曰：兵者，国之大事，死生之地，存亡之道，不可不察也。

故经之以五事，校之以计，而索其情。一曰道，二曰天，三曰地，四曰将，五曰法。道者，令民与上同意也，故可以与之死，可以与之生，而不畏危也。天者，阴阳、寒暑、时制也。地者，远近、险易、广狭、死生也。将者，智、信、仁、勇、严也。法者，曲制、官道、主用也。凡此五者，将莫不闻，知之者胜，不知者不胜。

故校之以计，而索其情。曰：主孰有

道？将孰有能？天地孰得？法令孰行？兵众孰强？士卒孰练？赏罚孰明？吾以此知胜负矣。

将听吾计，用之必胜，留之；将不听吾计，用之必败，去之。

计利以听，乃为之势，以佐其外。势者，因利而制权也。

兵者，诡道也。故能而示之不能，用而示之不用，近而示之远，远而示之近。利而诱之，乱而取之，实而备之，强而避之，怒而挠之，卑而骄之，佚而劳之，亲而离之，攻其无备，出其不意。此兵家之胜，不可先传也。

夫未战而庙算胜者，得算多也；未战而庙算不胜者，得算少也。多算胜，少算不胜，而况于无算乎！吾以此观之，胜负见矣。

"始计"，用现在的话来说，就是"开始计划"。这里的"计"指的是推演和规划，与演义里常见的"计谋"完全不是一回事。"计"这个字，在《说文解字》里，本身就有"合算"的意思。由此可见，兵家是把战争当作一个系统工程来经营的。而《孙子兵法·始计篇》就是这个系统工程的立项说明。

《孙子兵法·始计篇》的主要内容是对战争本质的解释。开篇第一句话就是"兵者，国之大事"，然后又说到"兵者，诡道也"。《孙子兵法·始计篇》就是从这两点出发，来讲述如何策划战争的。

咱们先看第一点："兵者，国之大事"。

克劳塞维茨对这一点有更清晰的解释，他说："战争无非是政治通过另一种手段的继续。"战争不是什么神秘不可知的东西，而是一个实现政治目的的工具。类似的工具还有很多，只不过，战争是最后的备用手段。孙子把战争的成败，提高到了关乎国家兴衰存亡的高度，就是因为战争是保障政治利益的最后手段。如果这种手段仍然不能达到预期效果，那整个政治局面就要崩溃。

发动战争，对国家来说，等于是进行最后一搏，必须要慎之又慎。所以，孙子提出了"五事七情"的概念。孙子认为，要从这十二个方面去进行战前推演，然后再来决定是否要使用战争这个最后手段。

"五事"指的是：政治，气候，地理，将领和制度。

"七情"指的是：君主，将领，自然条件，执法情况，兵员素质，日常训练和奖惩制度。

　　孙子认为，通过这十二个方面对敌我双方进行考察，如果各方面都对己方不利，那战争就可能失败，就不能发动战争。但是，请大家注意，这十二个方面都是动态的。气候条件会有变化，政治环境也可以改善，军队的强弱，士兵的素质，这些也都是可以扭转的。

　　如果条件不利，国家仍然要发动战争，就可以通过对这十二个方面施加影响，营造有利于自己的变化。吴国最终战胜楚国，就是一个很好的例子。

　　如果最后还是要打，那就得提前进行外交准备。先营造一个对己方有利的外部气氛，以方便实施各种作战行动。比如：诡道。

第二点："兵者，诡道也"。这是解释《孙子兵法》的各种著作里，误解最严重的一点。就连曹操在给《孙子兵法》做注解的时候，也说："兵无常形，以诡诈为道。"

"诡"的本义是责令、要求。后来演变成欺诈、怪异。不过它还有一个引申的意思——隐藏。如果联系《孙子兵法·始计篇》的上下文，"兵者，诡道也"真正的意思应该是：隐蔽真实意图，是进行战争的原则。

前面说要提前营造外交环境，目的就是隐蔽真实的意图。

而且，诡道，还不光是隐蔽意图这么简单，综合来看《孙子兵法》十三篇的全部内容，"诡道"的本质，是通过迂回的方式，实现战略目的。两千多年之后，英国军事理论家李德·哈特把这种作战思路总结为：间接路线战略[1]。

通俗来说，就是在孙子的战略思想里，永远要避免兵对兵、将对将的情况出现。战争是政治的手段，军队是执行战争任务的工具。军队完成战争任务的方式也有很多种，直接的面对面的战斗，你拿刀砍我，我拿刀砍你，对军队来说，也只是完成任务的方法之一，而且是应该尽量避免使用的方法。

总之，在《孙子兵法》十三篇里，孙子总是在不停地告诉大家，如何避免进行决战，如何通过最少的战斗达成战争目的。《孙子兵法·谋攻篇》和《孙子兵法·军争篇》就是在论证"不战而屈人之

---

[1] 参见李德·哈特《战略论：间接路线》。

兵""以迂为直"的战略原则。

孙子的战略原则，和克劳塞维茨寻求决战来解决战争问题的想法是很不相同的。克劳塞维茨说："在战争中手段只有一种，那就是战斗。"很明显，孙子对这种看法并不认同。和孙子比较合拍的，其实是和克劳塞维茨同时代的拿破仑。拿破仑曾经说过："行军就是战争……善于运动的军队必能获得胜利。"[①]这实际反映的就是孙子的间接路线战略。

通过一整篇的庙算，确定优势在握，那接下来要干什么呢？

孙子的意思是，接下来就是钱的问题了。

始计篇

---

① 参见富勒《战争指导》。

作战篇:
战争成本和国家危机

第二章

作战篇

孙子曰：凡用兵之法，驰车千驷，革车千乘，带甲十万，千里馈粮，则内外之费，宾客之用，胶漆之材，车甲之奉，日费千金，然后十万之师举矣。

其用战也胜，久则钝兵挫锐，攻城则力屈，久暴师则国用不足。夫钝兵挫锐、屈力殚货，则诸侯乘其弊而起，虽有智者，不能善其后矣。故兵闻拙速，未睹巧之久也。夫兵久而国利者，未之有也。故不尽知用兵之害者，则不能尽知用兵之利也。

善用兵者，役不再籍，粮不三载，取

用于国，因粮于敌，故军食可足也。

国之贫于师者远输，远输则百姓贫；近于师者贵卖，贵卖则百姓财竭，财竭则急于丘役。力屈、财殚，中原内虚于家。百姓之费，十去其七；公家之费，破车罢马，甲胄矢弩，戟楯蔽橹，丘牛大车，十去其六。

故智将务食于敌，食敌一钟，当吾二十钟；萁秆一石，当吾二十石。

故杀敌者，怒也；取敌之利者，货也。故车战得车十乘已上，赏其先得者。而更其旌旗，车杂而乘之，卒善而养之，是谓胜敌而益强。

故兵贵胜，不贵久。

故知兵之将，生民之司命，国家安危之主也。

"作"这个字在《孙子兵法·作战篇》里的意思应该是"开始"。"作"的本义就是一个人从躺着或者坐着的状态，站立起来。《孙子兵法·作战篇》要说的，是战争的发动阶段，也就是所谓的"十万之师举矣"。

而要想这十万大军顺顺利利地出发，有四个前提条件："驰车千驷，革车千乘，带甲十万，千里馈粮"。也就是说，需要准备一千辆战车和一千辆运输车，还要为这十万大军装备甲胄，还得为这十万大军的后续补给做好准备。为了做到这些，用于国内外的开支，会达到什么程度呢？"内外之费……日费千金"。只有国家有能力承担这些，那十万大军才能走出家门，进行战争。

按照《左传》的零散记录，中国最早

的兵书应该是成书于西周末期或者春秋早期的《军志》《军政》①。这两部书已经散失，书里还说过什么已经没人知道了。所以《孙子兵法》就可以算是最早注意到战争和经济关系的军事著作。

这个世界上的任何事情都是有成本、有代价的。战争当然也不例外。俗话说，兵马未动粮草先行。这句话的意思并不是说，作战部队还没行动，就让运输部队先出发，而是说，在战争还没有开始之前，补给物资就得先行准备。

军队是什么呢？是由人组成的社会团体。这个团体的突出特点之一就是人员密集度非常高。不管军队是出国作战，还是

---

① 参见《左传·僖公二十八年》："军志曰：允当则归。"和《左传·宣公十二年》"军志曰：先人有夺人之心。"

在境内作战，甚至不管作不作战，只要把人都集中到一起，那对军队来说，吃喝拉撒就是一个和作战同样重要的问题，甚至可以说，比作战更重要。因为，即使什么都不干，也是要吃喝拉撒的。

让十万人离开原来的家，投入千里之外的陌生环境。如何在遥远而且充满敌意的土地上，维持这十万人的生存，就是首要的问题。无论干什么，得活下来才行。宇航员探索太空需要随身携带生命维持系统。军队作战，也得随身携带维持生命的物资。但是，无论如何，军队随身携带的物资都是非常有限的。

以战国时期的精锐步兵魏武卒为例。要指望军队能随时投入作战，一个士兵最多只能随身携带三天的口粮。[①] 当然，军队也可以用牛马驮着物资。但是，携行物资的数量是有限度的。

　　按照西汉名将赵充国的看法，一支军队最多只能携行三十天的口粮[②]。而且，这三十天的口粮已经非常妨碍军队的作战行动了[③]。更悲催的是，如果投入更多的牛马来进行运输，那牛马也会消耗更多的粮食。[④] 最后的结果是，实际能使用的物资反而会减少。在蒸汽机发明之前，这就是

---

① 参见《荀子·议兵》："魏氏之武卒，以度取之，衣三属之甲，操十二石之弩，负服矢五十个，置戈其上，冠胄带剑，赢三日之粮，日中而趋百里。"

② 参见《汉书·赵充国传》："以七月上旬赍三十日粮，分兵并出张掖、酒泉合击罕、开在鲜水上者。"

③ 参见《汉书·赵充国传》："以一马自佗负三十日食，为米二斛四斗，麦八斛，又有衣装兵器，难以追逐。"

④ 参见《汉书·匈奴传》："用糒十八斛，非牛力不能胜；牛又当自赍食，加二十斛，重矣。"

历朝历代的将军们都无法克服的问题——边际效应。

面对以上的困难,军队要生存、要作战,就得有源源不断的物资。这就需要一条能跟着军队往前走的后勤补给线。

而战争和国家经济的矛盾,主要就发生在这条补给线上,所谓:"国之贫于师者远输"。

无论哪个国家,所拥有的资源都是有限的。就拿人力资源来说吧,无论是作战还是运输,都需要大量年轻力壮的人口。战争造成的第一个显著影响,就是正常的社会秩序被破坏,大量的青壮年劳动力脱离农业生产。战争打一个月,他们就一个月无法干活;打一年,他们就得在路上奔波一年。在战争期间,他们不仅无法创造财富,还得消耗国家的储备物资。

　　结果是，民众和国家都受到损失。而且，军队对粮食的需求，也会引起物价上涨，还是老百姓倒霉。以明朝的辽东地区为例，明英宗正统年间，大米的价格是每石2钱银子左右，到了明熹宗天启元年（1621），大米的价格飞涨到了每石12两银子。造成物价飞涨的一个重要原因，就是明朝不断加强关宁防线，有更多的军队和军费被投入这个地区。①

　　总之，在孙子看来，如果战争时间被拉长，到最后，全国上下都有破产的危险。所谓："百姓之费，十去其七；公家之费……十去其六。"而且更危险的是，如果军队长期在外作战，而国内的物资又被消耗一空，那么，第三方趁机对己方发

――――――――――

① 参见《明代辽东的米价、军粮与时局》。

动进攻的可能性就会增大。如果发展到这一步，整个局面就可能崩溃。由战争久拖不决而造成的经济问题，最终可能会演变成更大的国家危机。讽刺的是，吴国后来就是因此灭亡的。

军队作战需要补给线，而维持补给线的成本又太高。那该咋办呢？孙子给出了两个办法："因粮于敌"和"兵贵神速"。

只要有可能，军队就得想方设法从已经夺取的敌方国土上，获取物资补给，以此来减轻本国补给线的运输压力。这样做，除了降低战争成本之外，还有一个更重要的原因是：要通过就地获取补给，来延长军队的作战时间，扩大军队的行动自由。二战期间，德国南方集团军群拼命地向高加索方向进攻，争夺石油产地。日本华北方面军一到庄稼收获的季节，就大肆出动对中国农村进行抢劫。都是这个同样的目的。

其实，在战争的准备阶段，国家就要开始考虑降低战争成本的问题。在目前通行的所有运输方式中，水运的成本是最低的，古人很早就注意到了这一点。因此，春秋时期，为了向北方用兵，吴国开挖了连通淮河和长江的邗沟①。过了一千年，为了进攻高句丽，隋朝开挖了连通黄河和海河的永济渠②。

当战争发展到需要从敌方国土上获取补给的阶段，就说明双方在战场上陷入了僵持，这种情况是要绝对避免的。"因粮于敌"无法彻底消除战争给国家带来的

---

① 参见《左传·哀公九年》："吴城邗，沟通江淮。"
② 参见《隋书·阎毗传》："将兴辽东之役，自洛口开渠，达于涿郡，以通运漕。"

经济危机。而且，从本质上说，"因粮于敌"只是原有的计划失败之后，为了维持军队生存而采取的补救措施。

只要战争还在进行，由此而来的各种危机就会一直存在。为了降低这些危机的影响，最好的办法还是速战速决，短时间内结束战争。哪怕再高明的谋略，都不如速战速决好处更多。

战争是风险投资，在有明确的结果之前，战争是一个纯粹烧钱的项目。而且，到底要投入多少，谁也不能完全肯定。孙子坚持速战速决，就是要控制战争的进程，控制投入的规模。通过缩短战争时间来尽可能地消除战争对国家经济造成的恶劣影响，消除可能出现的各种意外和不确定性。

所以，孙子在《孙子兵法·作战篇》

的最后发出了这样的感慨，他说："能做到速战速决的将领，真像司命之神一样，掌握着国家和人民的生死存亡啊。"

既然速战速决这么重要，那怎么才能做到呢？这就是《孙子兵法·谋攻篇》要说的内容，一切取决于如何发动进攻。

作战篇

谋攻篇:
策划进攻的战略原则

谋攻篇

孙子曰：凡用兵之法，全国为上，破国次之；全军为上，破军次之；全旅为上，破旅次之；全卒为上，破卒次之；全伍为上，破伍次之。是故百战百胜，非善之善者也；不战而屈人之兵，善之善者也。

故上兵伐谋，其次伐交，其次伐兵，其下攻城。攻城之法为不得已。修橹轒辒，具器械，三月而后成；距闉，又三月而后已。将不胜其忿而蚁附之，杀士三分之一而城不拔者，此攻之灾也。

故善用兵者，屈人之兵而非战也，拔

人之城而非攻也，毁人之国而非久也，必以全争于天下，故兵不顿而利可全，此谋攻之法也。

故用兵之法，十则围之，五则攻之，倍则分之，敌则能战之，少则能逃之，不若则能避之。故小敌之坚，大敌之擒也。

夫将者，国之辅也。辅周则国必强，辅隙则国必弱。

故君之所以患于军者三：不知军之不可以进而谓之进，不知军之不可以退而谓之退，是谓縻军；不知三军之事而同三军之政者，则军士惑矣；不知三军之权而同三军之任，则军士疑矣。三军既惑且疑，则诸侯之难至矣，是谓乱军引胜。

故知胜有五：知可以战与不可以战者胜，识众寡之用者胜，上下同欲者胜，以虞待不虞者胜，将能而君不御者胜。此五者，知胜之道也。

故曰：知彼知己者，百战不殆；不知彼而知己，一胜一负；不知彼不知己，每战必殆。

"谋"的意思是讨论如何解决遇到的困难，所谓："虑难曰谋"①。"谋""攻"两个字合在一起的意思就是：如何策划进攻。

曹操对此的解释是："欲攻敌，必先谋。"

截止到宋代，先后有十一个人②为《孙子兵法》做过注解，其中最值得关注的就是曹操。作为实际干过军事工作的人，曹

———————————

① 参见《说文解字》。
② 分别为曹操、梁孟氏、李筌、贾林、杜佑、杜牧、陈皞、梅尧臣、王晳、何氏、张预。

操对《孙子兵法》的理解，更能反映军事问题的真实情况。

对于《孙子兵法·谋攻篇》的第一段，通常都解释为：使敌举国不战而降是上策，经过交战逼他们投降是下策；使敌全军不战而降是上策，用武力战胜他们是下策。

如果再结合后面所说的："上兵伐谋，其次伐交"，看上去，孙子的意思似乎是，最好不要打仗，而是通过谋略和外交取得胜利。当然，这么理解，逻辑上也解释得通。

不过，如果我们结合《孙子兵法·谋攻篇》的上下文以及《孙子兵法》的成书背景来看，其实这些都可以有另外的解释。

春秋早期，战争的形式还是比较单一

的，战役的进程也非常短促。对历史产生重大影响的战役，比如城濮之战、崤之战，都是在一天之内，用一场决战分出胜负的。

这种决斗式的战争，造成的主要后果之一，就是谁也无法取得足够动摇对方国本的决定性胜利。而且，在这种短促的战斗中，偶然性因素会对战争进程产生很大的影响。也就是说，这些重大战役的结果，未必就是参战双方真实国力的反映。

对春秋时期的主要大国来说，随着持续地兼并，自己的国力在不断增强，但同时，主要对手的国力也在增强。通俗地说：大鱼吃小鱼，小鱼吃虾米。等小鱼和虾米都被大鱼吃光的时候，大鱼该咋办呢？那就只能互相吃了。

根据《中国历代战争年表》的统计，

春秋 294 年，发生了 395 次战争；战国 254 年，发生了 230 次战争。看上去，战国时代的战争减少了，但是，战争的规模、持续时间和死亡人数，都远远超过春秋时期。

而两个方圆几千里、带甲数十万的超级大国之间的战争，已经不可能在一天之内决出胜负。比如垂沙之战，双方光是对峙的时间就长达 6 个月。

以上就是《孙子兵法》反对决战、追求全胜的背景原因。孙子从反对决战延伸出间接路线战略，又从间接路线战略延伸出歼灭战理论。《孙子兵法·谋攻篇》就是在阐述歼灭战理论的原理。

从《周礼·夏官》来看，周代的军队编制从小到大依次是：伍、两、卒、旅、师、军。①

从伍到卒，部队人数在 5 到 100 人之间，他们都处在指挥官的视野范围之内，各级军官能直观地把握情况。

而到了旅这一级，手底下有 500 人，问题就来了。这 500 人需要摆出进攻或者防守的阵型。部队要拉开间距，以方便进行阵型的移动，方便操作各种设备，比如战车、弓弩。以秦始皇陵兵马俑的布阵情况为例，步兵之间至少要间隔 0.5 米；弓弩手之间的间距在 1 米以上。② 到了这一步，旅所指挥的就是一个诸兵种混编的部

---

① 参见《周礼·夏官》："凡制军，万有二千五百人为军，王六军，大国三军，次国二军，小国一军，军将皆命卿。二千有五百人为师，师帅皆中大夫；五百人为旅，旅帅皆下大夫；百人为卒，卒长皆上士；二十五人为两，两司马皆中士；五人为伍，伍皆有长。"
② 参考《秦兵马俑与秦军阵法》。

队。对整个阵型的控制，命令的传达，需要依赖下级军官。

再往上，到了师和军，部队的行动会超出指挥官的视野范围。这个时候，需要依靠旗帜、军鼓，甚至事先的约定来组织部队。

总的来说，军队规模越大，指挥体系越庞杂；指挥官层级越高，对部队的直接控制力越弱，对体系的依赖性越强。这就意味着，一旦体系被破坏，有效的信息传递没有了，部队就会失去统一的组织，无法采取协调行动。简单来说，要打败一个敌人，需要把对方杀死；但是，要打败1000个敌人，却不用杀死1000人，只要让这1000人无法互相配合就行了。

孙子就是看到了这一点，所以在春秋时代战争规模越来越大的情况下，发展出了歼灭战理论。他在《孙子兵法·兵势篇》的开头就说了：将领要指挥部队，靠的就是部队的编制和指挥系统。歼灭，不是把对方的某个部队围起来，然后杀掉所有人，而是通过破坏对方的组织体系，让敌军彻底丧失作战的能力。

具体应该怎么做呢？

孙子给出了战役层面的解决办法：

在敌人开始策划进攻的阶段，就先发制人；① 如果做不到，那就在敌人的部队还没有会合之前，进行各个击破；② 如果还做不到，那就只能双方摆开架势，在野战中消灭敌人；如果仍然做不到，那就只能去进攻敌人重兵设防的城池了。而攻城战是

---

① 参见曹操注："敌始有谋，伐之易也。"
② 参见曹操注："交，将合也。"

要尽可能避免的事情。

之所以要避免攻城战，主要是因为两点：一是时间会拖长，不符合速战速决的原则；二是会给攻城部队造成大量伤亡。

除此之外，攻城战会让敌人以少数兵力牵制己方的大量兵力，导致己方军队丧失机动性。而机动性是孙子最看重的东西。军队机动性，是"不战而屈人之兵"的基础条件。

每一次战斗都意味着损失。战斗每多一次，失败的可能性就增加一分。如果战争发展到需要进行决战的地步，在孙子看来，所有的可能性都会消失，所有进行操作的余地也都没了。事情变成了简单的力量对比，变成了杀人比赛。

无论结果如何，只要陷入决战的境地，对军队和国家来说，就存在巨大的风险和不确定性。在孙子看来，必须事前就消除掉敌人发动决战的能力，不给敌人发挥力量的机会，从根本上规避风险。

比如公元 621 年的虎牢之战，唐军始终不和夏军进行决战，而是使用突袭的方式，消灭了夏军的指挥机关。结果，数量庞大但是陷入混乱的部队，反而给夏军恢复指挥体系造成了巨大困难。[1]

想打败敌军，不一定要直接和敌军交战；要夺取城池，也不一定要直接攻击城池；而要想消灭一个国家，更不必一步一步占领所有的土地。有很多间接的方法，可以达成这些目标。没经过什么像样的战斗，甚至没死几个人，对方的军队和国家就稀里哗啦地垮了。这就是孙子所追求的

_____

[1] 参见《窦建德武牢之败原因试析》。

效果。硬碰硬的战斗，能避免最好，如果不可避免，那就要尽量控制战斗的节奏和规模。无论如何，不能把战争进程变成单一的互相屠杀。

公元前 506 年，吴国破楚之战，把间接路线战略发挥得淋漓尽致。在大约两个月的时间里，吴军始终不给楚军展开兵力的机会，而是在不停地机动行军，成功打乱了楚国的所有防御计划。最终，到吴军兵临城下的时候，楚国的首都郢都都已经成了空城。[1]

是否发动战争，这是政治需要决定的。但是，一旦战争开始，军队的行动就必须服从军事原则。君主基于个人原因或者政治上的考虑，而对军队的行动进行干

---

[1]　参见《从〈左传〉看"柏举之战"参战双方的成败之因》。

预，就破坏了将领们对军队的控制，最终会引发灾难性后果。

所以，在孙子看来，作为一个将领，不仅要非常熟悉敌人的情况，也得非常清楚己方可能出现的问题；不仅要清楚敌方的能力，也得非常清楚己方能承受的代价；要对所有可能出现的危害军队安全的变化做到心里有数。

在间接路线战略的具体运用上，有一项重要的参数，是将领们要时刻注意把握的。就是对形势的判断。

那什么叫"形"？什么又叫"势"呢？

谋攻篇

军形篇：
胜利的基础在哪里？

第四章

军形篇

孙子曰：昔之善战者，先为不可胜，以待敌之可胜。不可胜在己，可胜在敌。故善战者，能为不可胜，不能使敌之可胜。故曰：胜可知而不可为。

不可胜者，守也；可胜者，攻也。守则不足，攻则有余。善守者藏于九地之下，善攻者动于九天之上，故能自保而全胜也。

见胜不过众人之所知，非善之善者也；战胜而天下曰善，非善之善者也。故举秋毫不为多力，见日月不为明目，闻雷霆不为聪耳。古之所谓善战者，胜于易胜者也。故善战者之胜也，无智名，无勇功，故其战胜不忒。不忒者，其所措必胜，胜已败者也。故善战者，立于不败之地，而不失敌之败也。是故胜兵先胜而后求战，败兵先战而后求胜。善用兵者，修道而保法，故能为胜败之政。

兵法：一曰度，二曰量，三曰数，四曰称，五曰胜。地生度，度生量，量生数，数生称，称生胜。故胜兵若以镒称铢，败兵若以铢称镒。胜者之战民也，若决积水于千仞之谿者，形也。

在内容上，《孙子兵法·军形篇》和《孙子兵法·兵势篇》有非常紧密的联系，这两篇讲的是对形势的判断和控制。

曹操对"军形"的解释是：敌我双方在互动的过程中，对情况发展做出的判断。郭化若将军则认为："形"就是处在运动和变化中的物质情况①。

在战争中，任何一方都想取得胜利，都想避免成为败兵。如何避免成为败兵呢？对此，孙武在《孙子兵法·军形篇》的一开头就提出了一条战略原则："胜可知而不可为"。一般对这句话的解释是：胜利可以预测，但不能强求。

是不是有点不好理解？咱们换一种说法。

决定胜利的条件，这个大家都是知道的。但是，这些条件不可能天遂人愿、刚好都具备。那该咋办呢？仗就不打了吗？非也。如果条件不具备，就要"先为不可胜，以待敌之可胜"。通俗地说，就是要

---

① 参见《孙子译注》。

先利用已有的条件，保全己方已经取得的成果；先追求不被敌人战胜，然后再寻求战胜敌人的条件和机会。

战争是一种敌我双方的互动，机会和条件就在这种互动中不断地产生又消失。胜利的条件，不仅需要己方去创造，敌人也会创造可以被己方利用的机会。所以，能否保住已有的成果，主要靠自己。而能否继续取得更大的战果，不仅要靠自己，还得看敌人的变化。这就是所谓的"不可胜在己，可胜在敌"。

由此就引出了攻守问题。

孙武的看法是：想保全自己，就防守；想消灭敌人，就进攻。

进攻或者防守，只是两种不同的作战状态。攻不代表积极，守也不代表消极，攻是在作战，守也是在作战。当胜利的条件还不具备，或者还需要时间去创造胜利的条件，那军队就需要在战略上采取守势。注意，是战略上。防守不是大家抱成团，蹲在地上让别人打。这种"金国有敲棒，我国有天灵盖"①的策略不叫防守，叫慢性自杀。

军队的防守作战，指的是破坏敌人从己方身上获取更大战果的计划，缩小敌人获取更大战果的可能。比如当年八路军的反扫荡作战就属于防御作战范畴。但是，八路军没有原地不动、等着敌人过来打，而是通过积极的运动战破坏敌人的进攻计划。敌人通过一场战役消灭八路军主力的企图，一直就没成功过。

那攻和守，做到什么程度才算是

---

① 参见《张氏可书》。

好呢？

孙武认为，无论进攻还是防守，都要尽可能地做到隐蔽，不能让敌人顺利地判断出己方的力量和企图，所谓"善守者藏于九地之下，善攻者动于九天之上"。

比如1943年的库尔斯克战役，德军进攻，苏军防守。但是，德军对作为苏军总预备队的草原方面军和苏军进攻奥廖尔的计划，都一无所知。此战的结果是，从此之后，德军再也没有能力对苏军发动战略进攻了。[1]

无论是进攻还是防守，都需要军队统帅做出正确的判断。因此，孙武也对统帅的职责提出了要求。在孙武看来，一个优秀的统帅，要善于利用各种有利的条件

[1] 参见艾伯特·西顿在《苏德战争（1941—1945）》的表述。

去达成目标，就像处理日常工作那样随意，所谓"善战者之胜也，无智名，无勇功"。

普通人津津乐道的传奇故事，都有一个背景条件，那就是巨大的危机。对于取得传奇性胜利的一方来说，首先是因为他们面临的危机已经严重到必须用非常规手段才能解决。昆阳之战和淝水之战都是如此。刘秀和谢安，他们对以少打多都没有什么兴趣，实在是没有办法了，才不得不硬着头皮放手一搏。

而在孙武看来，让军队和国家面临如此的危机，已经是统帅的失职了。一个高明的统帅，不能让情况发展到危及生死存亡的地步，应该在事情的萌芽状态，就消除掉这种危险，也就是曹操所说的"当见未萌"。

《孙子兵法·军形篇》一共三百多个字，孙武用了 79% 的篇幅来描述军形对战争的影响，以及作为一个统帅应如何应对不同的军形。

做了前面那么多铺垫，到《孙子兵法·军形篇》的最后，孙武才说出了自己对军形的理解。他认为：形就是敌我双方都要面对的一些和战争紧密相关的基础条件。战争的结果总体上是被一些最简单的基础条件所决定的。

孙武的逻辑是：国土面积决定了一个国家能提供多少物质资源；物质资源的多少决定了人口的数量，最终也会决定军队的规模；而军队的规模又是决定作战能力的一个重要指标；战争的胜败，就取决于军队的作战能力。

在孙武看来，以强胜弱，以大胜小，

这才是战争的常态。胜利者的行动建立在有利条件之上，在他们开始采取行动之前，失败者就已经处在可能导致失败的各种不利条件之下了。

所以，要先促成有利条件的发生，然后才能发动进攻；而不是先发动进攻，在进攻的过程中创造有利条件。通俗地说就是：不打无准备之仗，不打无把握之仗，每战都应力求有准备，力求在敌我条件对比上有胜利的把握。①

既然如此，那是不是说，战争就是力量的简单对比？弱势一方就坐等有利的情况发生呢？如果真是这样，那大家也不用打仗了，直接把国库的账本掏出来，互相比比就行了。在孙武的理解中，决

---

① 参见《解放战争第二年的战略方针》。

定战争的根本要素是形，也就是各种基础条件，比如综合国力。但是，形是比较固定的，形还得依靠势来发挥作用。

军形篇

兵势篇：
用量子力学读兵法

第五章

兵势篇

孙子曰：凡治众如治寡，分数是也；斗众如斗寡，形名是也；三军之众，可使必受敌而无败者，奇正是也；兵之所加，如以碬投卵者，虚实是也。

凡战者，以正合，以奇胜。故善出奇者，无穷如天地，不竭如江河。终而复始，日月是也。死而复生，四时是也。声不过五，五声之变，不可胜听也；色不过五，五色之变，不可胜观也；味不过五，五味之变，不可胜尝也。战势不过奇正，奇正之变，不可胜穷也。奇正相生，如循环之无端，孰能穷之？

激水之疾，至于漂石者，势也；鸷鸟之疾，至于毁折者，节也。是故善战者，其势险，其节短。势如彍弩，节如发机。

纷纷纭纭，斗乱而不可乱也；浑浑沌沌，形圆而不可败也。乱生于治，怯生于勇，弱生于强。治乱，数也；勇怯，势也；强弱，形也。故善动敌者，形之，敌必从之；予之，敌必取之。以利动之，以卒待之。

故善战者，求之于势，不责于人，故能择人而任势。任势者，其战人也，如转木石。木石之性，安则静，危则动，方则止，圆则行。故善战人之势，如转圆石于千仞之山者，势也。

什么叫"势"呢？

对此，曹操、李筌和张预都做过解释。

曹操认为"用兵任势也"；李筌认为"陈以形成，如决建瓴之势，故以是篇次之"；张预认为"兵势已成，然后任势以取胜，故次《形》"。

但是，他们都在解释对"势"的应用，而没有对"势"本身进行注解。

势有一个通假字，"埶"。"埶"的本义是种植，不过，也有观点把"埶"解释为：圆球从土坡上往下滚。意思是：重力作用。先不说这种解释对不对，这种对"埶"或者"势"的描述，倒是比较接近孙子所认为的"势"在军事上的意思。

用组织编制把一群人统一起来，合并成整体；然后再用指挥体系让这些人进行统一的行动。到了这一步，一支军队就算是形成了。然后，就是把军队投入作战。要想在作战中不被敌人打败，就在于对奇正之术的运用。而要想如同用石头去砸鸡蛋一样战胜敌人，就得注意虚和实的问题。"虚实"是《孙子兵法·虚实篇》的内容，在《孙子兵法·兵势篇》，孙子主要讲了"奇正"。

那要怎么运用奇正呢？

"以正合，以奇胜。"

文字是真简洁，意思是真含糊啊。古往今来，该怎么解释这六个字，各种专家争论得一塌糊涂。

首先，关于这个"奇"字的读音，就是众说纷纭。很多人坚持认为，这个字不念 qí，应该念 jī。理由是：jī 表示的是数学概念中的奇数和余数，放到军事上，就是预备队的性质。而"正",表示的是除了 0 以外的所有自然数,放到军事上,代表主力部队或者正面部队、佯攻部队。所以,"以正合,以奇胜"意思就是:用正面部队牵制敌人,用预备队避实就虚,打击敌人的软肋。

这种解释合理吗?合理,逻辑上说得通,没毛病。但是,如果"奇正"是这个意思,那么,其他一些古文的解读,就会有点尴尬。比如《老子》。学术界比较认可的一种观点是,《孙子兵法》含有很多道家的理念。《老子·第五十七章》就说道:"以正治国,以奇用兵,以无事取天下。"

如果在军事上,"奇"要表示为数学概念,然后又从数学概念引申为预备队。那老子那句话就得解释成:用预备队战法去进行作战。而如果"奇"在老子那里不表示预备队的意思，那凭什么在《孙子兵法》里就非得表示成数学概念不可呢？

在李学勤主编的《字源》这本书里，"奇"可以读作 jī，用来表示奇数和余数。但是，jī 只是 qí 的引申含义。"奇"的本义就是奇特，不寻常。

要深入了解"奇正"思想，就必须综合《孙子兵法》对"形"和"势"的定义来看待奇正问题。关于这一点，更晚时间出现的《孙膑兵法》有很好的解释："形以应形，正也；无形而制形，奇也。"

那什么叫"形"呢？

在《孙子兵法·军形篇》，孙武把"形"定义为和战争密切相关的基础条件，比如，军队数量、物资情况，等等。因此，孙膑的那句话就可以解释为：比拼基础条件，互相消耗，这个叫"正"；通过某种方式去制约对方的条件，同时扩大己方条件的作用，这个叫"奇"。而孙膑所说的"无形"，就是"势"。所以，孙子说："勇怯，势也；强弱，形也。"

你有 1000 人，我有 50 人，这叫"形"。但是，我这 50 个人比较勇敢一些，这叫"势"。一般来说，50 人大概率打不过 1000 人。不过，有一句话叫"一夫拼命，万夫难敌"①。当 50 人勇气足够大的时候，就有了打败 1000 人的可能性。宋武帝刘裕一个人追着几千人跑，就发挥出了这种可能性。②

这么看来，"势"就是对基础条件的

---

① 参见无名氏《昊天塔》。
② 参见《资治通鉴·卷百一十一》："刘敬宣怪裕久不返，引兵寻之，见裕独驱数千人。"

运用吗？

非也。"势"的含义，要比这个深刻得多。

孙子和老子一样，都喜欢用水来进行比喻。孙子认为，水是很柔弱的，但是如果水流足够快，也可以把石头冲走；猛禽把握好时机和节奏，也可以把人置于死地。所以，统帅应该在战斗开始前，把军队调整到有利于最大限度发挥力量的位置或者状态，然后用最快速的行动展开攻击。"势"就如同一把已经蓄势待发的弩，"节"就如同扣动扳机的那一刻。

孙子觉得以上的描述还不足以说明"势"的本质，他在《孙子兵法·兵势篇》的最后做了一个比喻，他认为：把一块圆滚滚的石头放到高山上，这种状态就叫"势"。

有一个物理名词叫：**势能**。

孙子眼里的势和势能，还是有一点儿关系的。

一块质量为 100 克的石头，当被放在地上的时候，它基本是无害的。如果把这块石头放到 10 米高的地方，它就具备了砸死人的能力。这个能力不是石头本身具备的，而是万有引力给的。只要到达了合适的空间位置，一块普通的石头就有了借用万有引力的可能性。石头如此，军队也是如此。

当一支军队刚好处在了合适的位置上或者合适的时间点，它就能发挥出远超过自身力量的作用。因为它所处的时间和位置，刚好可以对整个体系产生影响，敌人的整个体系会因为这一个点的刺激而做出剧烈反应，最后自我崩溃。

　　是不是很眼熟？对，这也是很多病毒攻击人体的方式。

　　当一块石头被放在地上，石头的可能性处于最小状态。借用时髦的量子力学来说，这个时候，石头处于坍缩态，石头的可能性没有了，位置被确定了。但是，如果把石头放到高处，它的可能性就陡然增加。这个时候，石头就处于不确定的量子态，它可能落下来，也可能不落下来。

　　"势"就是要制造更多的可能性。什么叫"有利态势"呢？就是己方有更多的选择余地，有更好的发挥空间。在这种态势下，己方能用更少的力量去影响更多的敌人。当敌人的头上也有一块石头，而这块石头是否落下来，什么时候落下来，都完全不确定。这些危险的不确定性，会严重影响敌人力量的发挥。战争就是一个互相制约的过程，谁的选择权先完全丧失，谁就先失败。

在什么样的情况下能采取什么样的"势"，这需要军队统帅自己去判断。因为情况总是在变化的，己方在运动中，敌人也在运动中。奇和正，形和势；异常和普通，基础和态势。这些都是在互相转换的。所以孙子才说："如循环之无端，孰能穷之？"

总的来说，军队利用各种形去制造势，主要还是为了寻求避实击虚的机会。

兵势篇

虚实篇:
如何创造主动权

虚实篇

孙子曰：凡先处战地而待敌者佚，后处战地而趋战者劳。故善战者，致人而不致于人。能使敌人自至者，利之也；能使敌人不得至者，害之也，故敌佚能劳之，饱能饥之，安能动之。

出其所必趋，趋其所不意。行千里而不劳者，行于无人之地也。攻而必取者，攻其所不守也。守而必固者，守其所不攻也。故善攻者，敌不知其所守；善守者，敌不知其所攻。微乎微乎，至于无形；神乎神乎，至于无声，故能为敌之司命。

进而不可御者，冲其虚也；退而不可

追者，速而不可及也。故我欲战，敌虽高垒深沟，不得不与我战者，攻其所必救也。我不欲战，画地而守之，敌不得与我战者，乖其所之也。

故形人而我无形，则我专而敌分。我专为一，敌分为十，是以十攻其一也，则我众敌寡。能以众击寡者，则吾之所与战者约矣。吾所与战之地不可知，不可知则敌所备者多。敌所备者多，则吾所与战者寡矣。故备前则后寡，备后则前寡，备左则右寡，备右则左寡，无所不备，则无所不寡。寡者，备人者也；众者，使人备己者也。

故知战之地，知战之日，则可千里而会战；不知战地，不知战日，则左不能救右，右不能救左，前不能救后，后不能救前，而况远者数十里，近者数里乎？

以吾度之，越人之兵虽多，亦奚益于胜哉？故曰：胜可为也。敌虽众，可使无斗。

故策之而知得失之计，作之而知动静之理，形之而知死生之地，角之而知有余不足之处。故形兵之极，至于无形。无形，则深间不能窥，智者不能谋。因形而错胜于众，众不能知；人皆知我所以胜之形，而莫知吾所以制胜之形。故其战胜不复，而应形于无穷。

夫兵形象水，水之形，避高而趋下；兵之形，避实而击虚。水因地而制流，兵因敌而制胜。故兵无常势，水无常形；能因敌变化而取胜者，谓之神。故五行无常胜，四时无常位，日有短长，月有死生。

　　提到《孙子兵法·虚实篇》，很多人就会把唐太宗李世民的一段话搬出来，证明这一篇的重要性："朕观诸兵书，无出孙武；孙武十三篇，无出虚实。"这段话出自《李卫公问对》，这部书本身的来历就是很可疑的，学术界对作者和成书时间的争议也很大。但是，《李卫公问对》成书于唐朝末期之后，作者也肯定不是李靖，①学术界是达成共识的。所以，在讨论《孙子兵法·虚实篇》内容的时候，我们无须关注这些古代名人或真或假的评价，更不要在没接触内容之前，就先受到他们的影响。否则，就等于是受制于人了。

　　而孙武在《孙子兵法·虚实篇》要讲

---

① 参见《〈李卫公问对〉真伪问题研究述评》。

的，就是在作战中如何影响别人，也就是所谓的"致人而不致于人"。这就是该篇的核心内容：如何创造战场主动权。

《孙子兵法》主要论证的是战略问题，从《孙子兵法·虚实篇》开始，对问题的讨论逐步深入到战役层面。

虚实和奇正一样，都是相对的概念。实际上，把《孙子兵法·虚实篇》看作《孙子兵法·兵势篇》和《孙子兵法·军形篇》的姊妹篇也是可以的。虚实理论就是在战役层面对奇正思想的实践。

"虚"的本义是大山丘，大就会显得空旷，所以《尔雅》又把"虚"引申为"空"。"实"的本义是富足，也可以引申为有依托，因为按照"实"的小篆字形，"實"就是头顶有房子，有田地，有钱。曹操对"虚实"的解释是："能虚实彼己也。"意思是：让自己变实，而让敌人变虚。

那怎么让敌人变"虚"呢？《孙子兵法·虚实篇》一开篇，孙武就讲了这个事。

要控制敌人的行动，而不能被敌人限制了行动自由。怎么控制敌人的行动呢？通过好处诱惑，牵着敌人走。或者阻断其他选择，赶着敌人走。

当敌人按照己方的预设路线前进，那己方就可以从容地给敌人准备预设战场。"以逸待劳"就是这个意思。不是自己比敌人跑得快，而是自己选一个地方，然后让敌人累死累活地跑过来，自动进入攻击范围。保持部队的行动自由，限制敌人的行动自由，是以逸待劳的前提条件。能做到这一点，才叫"致人而不致于人"。

有了行动自由，就有了战场主动权，很多战术手段才有发挥的余地。只要限制了敌人的行动自由，即使敌人拥有再多的优势，也会被一点一点消耗掉。因为，在同一场战斗中，被限制行动自由的一方，是在被迫接受战斗。战斗不再是严密计划的结果，而是对外部打击的应付。他们也不再有长远的计划，而是要集中精力应对近在眼前的困难，他们的资源将在这种疲于应付的行动中被消耗殆尽。历史上，赤眉军和太平军就是这样被一步一步困死的。

关于战场主动权的重要性，和拿破仑同时代的军事理论家约米尼曾经说过："谁能夺取主动权，谁就能明确地了解自己的行动和目标，谁就能率主力到达应实施突击的地方。"①

如果这个解释比较晦涩，那咱们再来看一个比较通俗的："你可能被迫退却，你可能被击败，但是只要你能够左右敌人的行动，而不是听任敌人摆布，就仍然在某种程度上占有优势。"②说这话的，是恩格斯。

不过，争夺主动权这个事，不仅自己要努力，敌人也得配合才行。如果战役序幕被拉开之后，敌人就是不跟着你的节拍起舞，就是不受你的影响，你想引导敌人的行动，敌人甚至一动不动，这又该咋办呢？在孙子看来，这个事最简单，捅他一刀，逼他跳起来。

---

① 参见《兵法概论》。
② 参见《马克思恩格斯全集》。

通过在关键点施加影响，迫使敌人做出反应。自己只需要很少的投入，剩下的事情，对方会自动完成。既能保持自己的实力，又能给敌人造成虚耗。说白了，这就是杠杆效应。

杠杆效应最重要的是找到关键的支点。孙子认为，这个关键支点就是敌人绝对不能舍弃的东西。找这个点，然后狠狠打击，强迫对方做出应对，正所谓"攻其所必救"。

那是不是只要足够关键，就可以当作撬动战局的支点，就可以去进攻呢？也不是。能作为支点的东西，必须同时具备两个特点：一是对敌人足够重要；二是它必须是敌人相对虚弱的部分。也就是说，"攻其所必救"，但也必须"避实而击虚"，否则就变成硬碰硬的决战了。

一般来说，敌人会对自己的关键点进行更多的保护。比如中军大帐，这当然是个要命的关键点，但是，这也是敌人防护最严密的地方。孙子的意思是：要"攻其所不守也"。只有非常关键但力量又相对薄弱的部位受到攻击，才能触发敌人的反应。然后强迫敌人进行应对，强迫敌人跟随自己的节奏。

只要敌人动起来，原来的布局就会发生变化。从旧状态到新状态的转换过程，是一支军队最脆弱的时期。在此期间，就有了创造战机的可能。围魏救赵就是典型案例。1948 年的辽沈战役和淮海战役，几场大规模会战的转机，也都是在运动中发生的。

无论军队规模有多大，对统帅来说，兵力总是有限的。孙子追求的是通过绝对优势兵力发动快速进攻。所谓："兵之所加，如以碫投卵者。"前面所有调动敌人的行动，所有的"致人而不致于人"都是为了到最后能制造出以多打少、以强打弱的局面。

孙子认为，从战役的角度上来看，分散敌人兵力的最好办法，是迫使敌人进入防御状态。怎么让敌人进入防御状态、自己分散兵力呢？这就要求己方部队必须进行机动作战。只有当敌人搞不清楚我方的进攻方向，但又确确实实感受到被攻击的危险，那敌人才能分散兵力，对各种关键部位进行保护。

而要做到这些，就需要对敌人的情况充分掌握，就需要进行战役侦察。要通过试探性攻击，测试敌人的反应方式，掌握敌人的特点。

　　什么是"虚"？什么是"实"？没有绝对的标准，只有相对的概念。这个相对，不仅是虚实的相对性，也是敌我的相对性。敌人的情况在变化，自己的情况也在变化。你要避实就虚，敌人也会避实就虚。那这该怎么办呢？你要攻其必救，敌人也攻其必救。当你的重要据点被敌人攻击，要怎么做才能不上当呢？

　　对于这些战术问题，孙子给出的答案是：需要军队统帅根据具体的情况去判断，判断正确的，就可以说是用兵如神。那如果判断错了该咋办呢？这一点，孙子没说。

　　这就是《孙子兵法》的特点。它所提出的都是一些军事工作的原则。至于这些原则在战术层面的应用，具体的仗该怎么打，兵该怎么派，孙子表示，这对他来说也不是一件容易的事。

虚实篇

军争篇:
战斗指挥,一份孙子也挠头的工作

第七章

军争篇

孙子曰：凡用兵之法，将受命于君，合军聚众，交和而舍，莫难于军争。军争之难者，以迂为直，以患为利。故迂其途而诱之以利，后人发，先人至，此知迂直之计者也。

故军争为利，军争为危。举军而争利，则不及；委军而争利，则辎重捐。是故卷甲而趋，日夜不处，倍道兼行，百里而争利，则擒三将军，劲者先，疲者后，其法十一而至。五十里而争利，则蹶上将军，其法半至。三十里而争利，则三分之二至。是故军无辎重则亡，无粮食则亡，无委积则亡。

故不知诸侯之谋者，不能豫交；不知山林、险阻、沮泽之形者，不能行军；不用乡导者，不能得地利。

故兵以诈立，以利动，以分合为变者也。故其疾如风，其徐如林，侵掠如火，不动如山，难知如阴，动如雷震；掠乡分众，廓地分利，悬权而动。先知迂直之计者胜。此军争之法也。

《军政》曰："言不相闻，故为金鼓；视不相见，故为旌旗。"夫金鼓旌旗者，所以一人之耳目也。人既专一，则勇者不得独进，怯者不得独退，此用众之法也。故夜战多金鼓，昼战多旌旗，所以变人之耳目也。

故三军可夺气，将军可夺心。是故朝气锐，昼气惰，暮气归。故善用兵者，避其锐气，击其惰归，此治气者也。以治待乱，以静待哗，此治心者也。以近待远，以佚待劳，以饱待饥，此治力者也。无邀正正之旗，勿击堂堂之阵，此治变者也。

故用兵之法，高陵勿向，背丘勿逆，佯北勿从，锐卒勿攻，饵兵勿食，归师勿遏，围师必阙，穷寇勿迫。此用兵之法也。

"争"的本义是对拉，两只手就像拔河一样，同时拉扯一个东西[①]。曹操的解释是"两军争胜"。《孙子兵法》在内容上存在一个层层递进的关系，大体上是先讲战略，再讲战术；先展开战役问题，再解决战斗问题。孙子在《孙子兵法·虚实

---

① 参见《说文解字》。

篇》解释了如何争夺战役主动权，在《孙子兵法·军争篇》，孙子开始解释如何争夺战斗的主动权。也是从该篇起，孙子把《孙子兵法》的内容过渡到战斗和战术层面。

《孙子兵法·军争篇》的中心思想是：如何保证军队在开进和接敌的过程中争夺主动权，以及需要注意的战术细节。

在有些人的想象中，战争是这样的：

你有 5 万军队，我有 5 万军队，这10 万人，排成排，一个对一个，然后展开互殴，谁先死光谁就输。其实，在实际的作战中，军队是按照编制来投入战斗的。战斗的基本单位从来就不是个人，而是团队。这些团队如何进入战场，谁先谁后，如何选择攻击位置和时间，就是指挥官们要操心的战术问题了。

军队的行军和作战是两个概念。一支部队从行军状态转换成战斗状态，需要一个过程。《孙子兵法·军争篇》要讲的，就是从准备进入战场到开始战斗之间要注意的问题。

孙子在《孙子兵法·军争篇》一上来就说：作战最困难的地方就在于军争，也就是战斗指挥。而战斗指挥之所以困难，是因为要同时完成两项任务："以迂为直"和"以患为利"。隐蔽行军，抢占预定战场的有利位置，在这个过程中，要克服不利条件，争取有利态势。看上去，好像就是把"致人而不致于人"的思想运用到了具体战斗中而已。为什么孙子认为要做到这些最困难呢？

这就要来看看战斗指挥和战役指挥的区别了。

物理学中有一种现象，质量越大的物体，它们的规律越简单，它们的运动越容易预测。与之相反，质量越小的物体，它们的规律越复杂，它们的运动越难以预测。这是因为物体的质量越小，能影响它的外部因素就越多，而影响它的因素越多，它的运动规律就会呈现出越多的随机性。

从比萨斜塔上往下扔一个铁球，这个铁球落地的位置几乎百分之百就在塔的周围。但是，如果从相同位置扔一片羽毛，那这片羽毛要落到什么地方，就不太好确定了。理论上说，这片羽毛甚至可以被气流带到平流层。

对人类社会来说，一堆人的群体行为是可以被预测的。但是，要预测一个人的行为，这个难度就大得多。不知道哪里来

的一阵风，或者谁的一句话，都可能成为
这个人改变行为的动机，而且这个人本身
还意识不到自己已经受到了影响。

对军事工作来说，这种现象同样存
在。要策划一场战争，长期的季节变化、
山川大河这些因素不会被忽视。而某一场
不可预测的降雨，敌人国土上的无名小山
包、山里的树、河上的桥等，这些对战斗
来说至关生死的东西，一般而言，不会被
战役计划考虑。对具体的战斗而言，不要
说降雨了，就是突然的一阵风，也能左右
战斗的结果。明成祖朱棣发动靖难之役，
取得两次重大胜利，都是因为战场上突然
起风。[1]

---

[1] 参见《明史·成祖本纪》："会旋风起，折景隆旗，王乘风纵火奋击，斩首数万溺死者十余万人。""东北风忽起，尘埃蔽天，燕兵大呼，乘风纵击，庸大败。"

相对来说，战役的展开，有一个相对缓慢的过程。无论情况多紧急，战役指挥多少都还有思考的时间。但是战斗指挥则完全不同，敌人近在眼前，不赶快拿主意，大家可能分分钟完蛋。而且战斗过程所受到的干扰因素最多，不确定的困难也最多。所以，对战斗指挥的时效性要求就特别高。战斗指挥相当于小本经营，任何微小的变化都值得注意，任何微小的优势都得争取。

那怎么争取呢？

孙子以不同的行军速度可能给军队造成的影响为切入点，来说明争取战斗主动权的原则和方法。

如果一个昼夜24小时强行军100千米，军队就会因为整个建制被打散，而面临全军覆没的危险；如果一口气强行军50

千米，就会损失一半的战斗力；强行军 30
千米，也可能损失三分之一的战斗力。

强行军这么危险，为什么还要做呢？

之所以做出非常规的行动，就是为
了争利。这里的"利"，涵盖范围比较
广。利，可以是山川河流，也可以是城镇
隘口。总之，必须在战斗开始前，抢先占
据有利位置，多一点优势就多一点胜利的
可能。

同样的 100 千米，无论谁来走，距离
都不会变化，但是，因为速度的关系，每
个人需要耗费的时间会不同。所以，一支
军队要想跨越空间上的阻碍，在时间上取
得优势，就必须提高行动的速度。也就是
以时间换空间。

孙子强调，通过间接路线，用迂回的
方式取得战斗的主动权才是军争之法。而

速度就是以迂为直的基本条件。隐蔽行军路线，秘密地向战场关键点前进，通过分兵掩盖真实的攻击意图。这些是战斗指挥的基本原则。在这些原则之下，无论是"不动如山"，还是"动如雷霆"，都只是根据不同情况而随机选择的战术手段。

说完了战斗指挥问题，孙子接下来又开始讲具体的战术原则。这也算是《孙子兵法》的一个特点，除了每一篇的核心问题之外，还会多聊两句战斗或者战术问题，或者回顾一下之前的问题，或者提一下之后的内容。

孙子在《孙子兵法·军争篇》讲了三条战术原则：用众之法，治气治变和八个"小心"。

用众之法

用众之法，实际谈的是指挥通信的原则。为什么要有军队编制呢？为什么要设立旗帜和金鼓呢？目的只有一个，就是统一指挥。在军事家们看来，个人的勇气和战斗力并不重要，军队在统一的命令下，能有什么样的表现才是最重要的。

治气治变

人不可能一直保持精神亢奋，也不可能一直信心满满，精神状态总是有起有伏的。精神是如此，体力也是如此。而且，人的精神状态的变化曲线和体力状态的变化曲线，一般是大体重合的。也就是说：没精神就会觉得累，累了就会觉得没精神。孙子认为，不要去硬碰硬，要选择敌人体力和精神最衰弱的时候发动进攻。引申出来的意思是：既然可以这样进攻敌人，那作为指挥官，也要避免给敌人创造机会。

八个"小心"

孙子一直在教别人如何进攻，在《孙子兵法·军争篇》，他首次开列了一张禁止进攻的清单，一共八个"小心"：占据高处的，背靠高处的，假装逃跑的，精锐的，担任诱饵的，向本土撤退的，已经被围困的和陷入绝境的。

孙子认为，对于以上敌人，应该谨慎小心，禁止进攻。因为这些敌人所处的位置和他们的情况都比较特殊。

前五个"小心"属于已经有了准备，后三个"小心"是敌人的精神状态有可能让他们发挥出超越平均水平的战斗力，从而导致意外情况发生。所以，应该和他们保持安全距离。孙子的一贯思路，就是柿子专挑软的捏。而这八个"小心"是硬柿子或者可能是硬柿子，所以应该谨慎对待。

以上三条都只是战术原则，注意，是原则，具体情况如何，要看指挥官的现场判断。这也是孙子认为战斗指挥最不好干的原因。没办法，要操心的破事太多。

军争篇

九变篇：
什么样的君命可以不听？

第八章

九变篇

孙子曰：凡用兵之法，将受命于君，合军聚众，圮地无舍，衢地交合，绝地无留，围地则谋，死地则战。涂有所不由，军有所不击，城有所不攻，地有所不争，君命有所不受。

故将通于九变之地利者，知用兵矣；将不通于九变之利者，虽知地形，不能得地之利矣。治兵不知九变之术，虽知五利，不能得人之用矣。

是故智者之虑，必杂于利害。杂于利而务可信也，杂于害而患可解也。

是故屈诸侯者以害，役诸侯者以业，

趋诸侯者以利。

故用兵之法，无恃其不来，恃吾有以待也；无恃其不攻，恃吾有所不可攻也。

故将有五危：必死，可杀也；必生，可虏也；忿速，可侮也；廉洁，可辱也；爱民，可烦也。凡此五者，将之过也，用兵之灾也。覆军杀将，必以五危，不可不察也。

这是《孙子兵法》十三篇里字数最少的一篇，字数虽然少，争议却非常多。争议的源头还得从孙子本人说起。

"孙子，武者，齐人也。"这是《史记》记录的孙子的个人情况。如果《史记》记录的情况属实，那孙子应该和伍子胥是同时代的人，并且参与了当时吴国的主要军事行动。比如柏举之战。柏举之战发生在公元前 506 年，周敬王十四年，鲁定公四年。这是春秋晚期一次非常重大的变故。《左传·鲁定公四年》详细地记录了该会战的经过。《左传》记录的春秋历史，截止时间是鲁哀公二十七年，即公元前 468 年。

但是，不管是在鲁定公四年，还是在之后三十八年的记录里，《左传》都没有提到孙子的事迹，一个字也没有。《左传》的成书时间至少比《史记》早三百年，更具有第一手资料的性质。[1]

所以，有些观点就认为，孙武这个人可能根本不存在。是兵家借用了伍子胥的事迹，创造了孙武这个人物，因为《左传》实际记录的是伍子胥参与了吴国破楚

---

[1] 参见《〈左传〉成书下限最晚在公元前 392 年考证》。

之战。然后通过孙武来讲述兵家的思想，经过几代人的不断补充和改写才有了现在的样子。

不过，也有观点认为，虽然《史记》记录的有关孙武的个人事迹不太靠谱，比如训练宫女什么的，可能不存在。但是，《孙子兵法》主体部分的创作者不管是不是叫孙武，他参与了吴国对楚国的战争，这个可能性还是比较大的。

先秦时期的文献里，最早提到孙子的，是战国时期《尉缭子》的一句话："有提三万之众而天下莫当者谁？曰：武子也。"这里的"武子"，可能指的就是孙武。《孙子兵法》十三篇，从语气上来说，更像是一个旁观者，而不是一个实际作战的统帅。《孙子兵法·始计篇》里有这么一句："将听吾计，用之必胜，留之；将不听吾计，用之必败，去之。"说这话的人，怎么看都像是参谋或者顾问一类的角色，而不像一个统帅。《史记》记录，吴王任命孙武为将军，然后攻破了楚国，北上中原，成就了吴国的威名。①而孙武在这个过程中干了什么呢？司马迁说："孙子与有力焉。"也就是说，司马迁也说不清楚孙武具体有什么战绩。这恰恰能说明孙武的参谋或者顾问身份。一场战争下来，普通观众，有谁能记住参谋干了什么？

不管孙武这个人是否真的存在，不管《孙子兵法》是集体创作还是个人创作，到战国晚期的时候，这部军事理论著作都

---

① 参见《史记·孙子吴起列传》："卒以为将。西破强楚，入郢，北威齐晋，显名诸侯，孙子与有力焉。"

已经很流行了。① 流行的结果之一，就是产生了众多的仿效者。到了汉代，《孙子兵法》十三篇膨胀到了八十二篇，还有了九卷插图，②1972 年银雀山汉墓出土的《孙子兵法》就是这个膨胀后的版本。

又过了几百年，到了东汉，曹操觉得当时流传的《孙子兵法》不够简洁，所以进行了整理和注解。③问题就从这里开始了。而问题最突出的地方，集中在对《孙子兵法·九变篇》的内容定性上。

《孙子兵法》十三篇，每一篇都有核心主题，只有《孙子兵法·九变篇》的主

---

① 参见《韩非子·五蠹》："境内皆言兵，藏孙吴之书者家有之。"

② 参见《吴孙子兵法》八十二篇和《汉书·艺文志》图九卷。

③ 参见《略解》："况文烦富於世者，失其旨要，故撰为略解焉。"

题是最模糊的。《孙子兵法·九变篇》的上半部分虽然可以和《孙子兵法·军争篇》或者《孙子兵法·九地篇》衔接起来，但是上下文脱节，内容不连贯。

所以，很早就有人认为，《孙子兵法·九变篇》是摘录其他篇章的内容，硬凑出来的，而《孙子兵法·九变篇》本来的内容已经失传了。成书于唐代的《北堂书钞·卷一一五》就把《孙子兵法·九变篇》《孙子兵法·九地篇》两篇抄录在一起。[1]可见，至少在唐代，人们就认为，这两篇的联系有点不清不楚。

到了元代，张贲认为，由于传抄错误，或者错简的问题，可能在曹操之前，《孙子兵法·九变篇》的内容就已经乱掉

---

[1] 参见《〈北堂书钞〉成书年代考论》。

了。后来，明代的何守法和现代学者李零也持这个观点。①

了解了《孙子兵法》的成书问题和对《孙子兵法·九变篇》的争议，咱们再回过头来看"九变"的内容。

关于"九变"，曹操的解释是："变其正，得其所用九也。"在曹操看来，《孙子兵法·九变篇》讲的就是一个由正到奇的变化原则。

在《孙子兵法·九变篇》第一段，孙子介绍了军队在圮、衢、绝、围、死五种地形上的应对策略。对于这方面的问题，后面的篇章都有专门讲解，为什么还要在这里提前说一遍呢？如果排除上面所说的问题，认定现在能看到的就是原有的内

———————————————

① 参见《〈孙子·九变〉再考察——兼与李零先生商榷》。

容，那么，对此也可以有另外的解释。

那就是，孙子通过军队接触最多的地形问题，来佐证"杂于利害"的重要性。如果非要给《孙子兵法·九变篇》找一个中心思想，那就是："智者之虑，必杂于利害。杂于利而务可信也，杂于害而患可解也。"一个有智慧的人，应该同时看到事物的正反两面。在考虑不利条件的时候，也要能看到条件有利的一面，反过来也是如此。只有这样，才能把各种危机预先排除。

因此，有些道路就不能走，有些军队就不能去攻击，有些城池或土地就不能去占领，甚至为了军队的安全，也可以不听君主的某些命令。

知道了"杂于利害"的道理，又能怎么样呢？孙子认为，明白了道理，就可以按照利害关系互相转化的原则，灵活地看待敌我情况。也就是曹操所说的："变其正。"从表面现象，看到背后隐藏的利害关系，然后做出应对。《文子·道德篇》说："圣人者应时权变，见形施宜。"说的就是这个意思。

在《孙子兵法·九变篇》的最后，孙子用五种性格作为例子再次说明了这一点。

将领如果勇敢不怕死，就可能因为缺乏畏惧而被敌人利用；将领如果谨慎，也可能因为行为迟缓而被敌人俘虏；将领如果性格急躁冲动，就可能受不了敌人的挑衅而做出非理性的行动；如果以上算是性格缺陷，那优秀的品质对将军就一定有好处吗？也不一定。

如果一个将军非常廉洁，他也可能因

为爱惜自己的名声而受不了敌人的侮辱；如果一个将军很爱护老百姓，他也可能因为太爱护老百姓而限制了战术的发挥。

总之，没有什么是绝对有利的，也没有什么是绝对有害的。一切看情况而定。只要做到了对各种利害关系的平衡，就可以利用看着有好处、很安全的东西去误导敌人，让敌人去承受事物不利的、有害的那一面。所以，只要己方对情况掌握清楚，提前做好准备，就不用害怕敌人的威胁。

九变篇

行军篇：
春秋时代的军队行军和宿营指南

第九章

行军篇

孙子曰：凡处军相敌，绝山依谷，视生处高，战隆无登，此处山之军也。绝水必远水；客绝水而来，勿迎之于水内，令半济而击之，利；欲战者，无附于水而迎客；视生处高，无迎水流，此处水上之军也。绝斥泽，惟亟去无留；若交军于斥泽之中，必依水草而背众树，此处斥泽之军也。平陆处易而右背高，前死后生，此处平陆之军也。凡此四军之利，黄帝之所以胜四帝也。

凡军好高而恶下，贵阳而贱阴，养生而处实，军无百疾，是谓必胜。丘陵堤防，必处其阳而右背之。此兵之利，地之助也。上雨，水沫至，欲涉者，待其定也。

凡地有绝涧、天井、天牢、天罗、天陷、天隙，必亟去之，勿近也。吾远之，敌近之；吾迎之，敌背之。军行有险阻、潢井葭苇、山林蘙荟者，必谨复索之，此伏奸之所处也。

敌近而静者，恃其险也；远而挑战者，欲人之进也；其所居易者，利也。众树动者，来也；众草多障者，疑也；鸟起者，伏也；兽骇者，覆也。尘高而锐者，车来也；卑而广者，徒来也；散而条达者，樵采也；少而往来者，营军也。辞卑而益备者，进也；辞强而进驱者，退也；轻车先出居其侧者，陈也；无约而请和者，谋也；奔走而陈兵车者，期也；半进半退者，诱也。杖而立者，饥也；汲而先饮者，渴也；

见利而不进者，劳也。鸟集者，虚也；夜呼者，恐也；军扰者，将不重也；旌旗动者，乱也；吏怒者，倦也；粟马肉食，军无悬瓿，不返其舍者，穷寇也；谆谆翕翕，徐与人言者，失众也；数赏者，窘也；数罚者，困也；先暴而后畏其众者，不精之至也；来委谢者，欲休息也。

兵怒而相迎，久而不合，又不相去，必谨察之。

兵非益多也，惟无武进，足以并力、料敌、取人而已；夫惟无虑而易敌者，必擒于人。

卒未亲附而罚之则不服，不服则难用也。卒已亲附而罚不行，则不可用也。故令之以文，齐之以武，是谓必取。令素行以教其民，则民服；令不素行以教其民，则民不服。令素行者，与众相得也。

　　"行"的本义是人在道路上行走或者小跑①。"军"的本义不是现在通常认为的军队，而是由军队围绕起来构成的一个营垒②。按照现在的军事术语来说，"行"就是行进，"军"就是宿营。曹操对此的解释是："择便利而行也"。王皙的注解是："行军当据地便，察敌情也"。总的来说，古人认为，《孙子兵法·行军篇》要说的，就是行军和宿营要注意的事项。

　　如果套用现代概念的话，《孙子兵法·行军篇》则大致可以看作是春秋战国时期的陆军战斗条令。条令是用来规范军队作战和训练的法规制度。有了条令，一支军队才有组织性。按照我军的习惯，条

---

① 参见《说文解字》："行，人之步趋也。"
② 参见《说文解字》："军，圜围也。"

令可以分为纪律条令、内务条令、战斗条令等。其中，不同的军兵种或者各军兵种内部的不同层级，都有他们相应的战斗条令。比如装甲兵有装甲兵的战斗条令，步兵有步兵的战斗条令。总之，所有人从吃饭、睡觉到训练作战，都有各自要遵守的规则和注意事项。

目前，已知的中国最早的军队条令合辑，是和《孙子兵法》差不多时间成书的《司马法》①。韦格蒂乌斯在罗马帝国末期创作的《兵法简述》也是同一类型的著作。到了近代，随着冷兵器时代向热兵器时代过渡，各个国家的军事制度都经历了剧烈的变动，新的军事条令不断出现。清朝末期，北洋陆军就开始执行西方式的

---

① 参见《〈司马法〉成书及版本考述》。

《步兵操典》。苏联红军在 20 世纪 20 年代开始使用"战斗条令"的概念，从中国工农红军一直到现在的人民解放军，都沿用了这个名词。

《孙子兵法·行军篇》可以大致分为三个部分，用原话说就是："处军，相敌和取人。"

处军

套用现代军事术语，处军可以解释为：行军和宿营的原则。孙子首先介绍了如何在最常见的四种地形上行军和宿营：

1. 在山区行军要沿着河谷前进；宿营地要设置在高处向阳的地方，如果这个地方已经被敌人占领，就不能再去争夺。

2. 在河网地区宿营，宿营地必须选择

在离河流稍远的地方；如果必须要在两条河流中间设置营地，就要挑选最高、向阳而且背对河水流向的地方。如果在河网地区遭遇敌人进攻，就应该选择半渡而击。除非万不得已，否则不要选择靠近河流的地方和敌人决战。

3. 应尽可能避免在沼泽地带行军，如果无法避免，就应该快速通过。如果必须要在沼泽地带和敌人交战，就应该抢先占领有树木的地方，这种地方的土质更坚硬一些。

4. 在平原地带宿营，要尽可能背靠高地，营区布置要做到前低后高。

接着，孙子简单解释了这么做的理由。比如居高向阳。之所以选择高处向阳的地方宿营，是为了保持营区的干燥，保障人员的健康。

这些原则的核心目的，就是借助地形地貌的帮助，尽可能地为军队争取一些优势。战斗指挥所面临的情况最复杂，任何微小的优势都得努力争取。孙子关于行军和宿营的原则，体现的就是这种思路。

相敌

"相"的本义就是察看①，用现代军事术语解释就是：敌情侦察。

1. 军队要途经险峻的山地、水网、沼泽、山林等地区，就必须要进行反复的侦察和搜索，因为这些都是可能隐藏敌人的地方。

2. 如果已经非常接近敌人，却没有遇

---

① 参见《说文解字》："省视也。"

到敌人的侦察或者搜索部队，那就说明敌人可能已经抢占了有利的地形。

3. 如果敌人在比较远的距离，却派部队进行挑衅，说明敌人希望我方继续前进，这个时候就必须加大对前方的侦察力度。

4. 大家都知道要抢占制高点，而敌人却偏偏选择驻扎在平地上。这说明一定有对敌人有利的条件，但是我们所不知道的，因此，需要进行仔细侦察。

除了以上四条之外，孙子还列举了战场上的二十六种现象，并解释了现象背后的原因。

有些是敌人的行动所造成的环境影响，比如：树木乱动，是敌人正在秘密向我方靠近；如果鸟群突然飞起，说明下面有敌人的埋伏。

　　有些则是敌人为了隐藏真实意图而制造的假象，比如：如果敌人的使者非常客气，说明敌人正准备进攻；如果敌人的使者态度强硬，说明敌人正准备撤退。

　　还有一些则是通过敌人不经意的表现来判断敌人的内部情况，比如：如果敌人的军官动不动就发怒，说明敌人已经非常疲倦了；如果敌人开始用士兵的口粮喂牲口，给士兵发放肉食，并且行军锅也挂起来了，士兵也不回营房休息了，这说明敌人是准备最后一搏了。

　　孙子认为，以上现象需要侦察人员和指挥官特别加以关注。

　　某种现象意味着敌人可能采取某种行动，那反过来，通过制造某种现象让敌人产生误判，可不可以呢？完全可以。按照孙子灵活用兵的原则，以上可以算是"侦察工作指南"，也可以当作"欺骗和伪装指南"。具体怎么做，要看指挥官的临场发挥。而能发挥到什么程度，就要看士兵的情况了。

取人

"取人"在这里可以解释为：取信于人。指挥官能让军队发挥出多少能力，要依赖士兵的执行力，而士兵的执行力要依赖平时的训练。说白了，要看部队的水平如何。同样的命令和战术，不同水平的部队来执行，可能产生完全不同的结果。

孙子认为，在展开训练之前，指挥官必须要先取得士兵的信任。如果士兵不信任指挥官，那当指挥官用纪律来约束士兵的时候，士兵一定会不服气。取得了士兵的信任之后，指挥官才可以用纪律和号令来指挥他们。当指挥关系理顺之后，才可以训练士兵们的作战技能。等士兵们都习惯了纪律和号令，掌握了作战技能，这样的部队才能进行作战。

指挥官与士兵之间相处融洽，互相信任，侦察工作也做得好，对敌人的情况能做到实时掌握。这个时候，即使兵力不多，只要能集中使用，也可以取得胜利。

《孙子兵法·行军篇》毕竟是两千多年前的东西，它提出的很多细节在今天已经失去了原来的军事意义，但是它反映出的作战思路没有过时。这就是："夫惟无虑而易敌者，必擒于人。"头脑简单，轻视敌人，无法感知战场变化的军队，一定会先失败。

而现代军队为了强化战场感知能力，

可以说是无所不用其极了。但是，为什么在这个地球被侦察卫星环绕的时代，那些武装到牙齿的军队也还是会遭到各种挫折呢？这是因为，在作战中，地理情况在起着更大的作用。

行军篇

地形篇：
战役指挥的原则，军事地理
与战争的关系

第十章

地形篇

孙子曰：地形有通者，有挂者，有支者，有隘者，有险者，有远者。我可以往，彼可以来，曰通；通形者，先居高阳，利粮道，以战则利。可以往，难以返，曰挂；挂形者，敌无备，出而胜之；敌若有备，出而不胜，难以返，不利。我出而不利，彼出而不利，曰支；支形者，敌虽利我，我无出也；引而去之，令敌半出而击之，利。隘形者，我先居之，必盈之以待敌；若敌先居之，盈而勿从，不盈而从之。险形者，我先居之，必居高阳以待敌；若敌先居之，引而去之，勿从也。

远形者，势均难以挑战，战而不利。凡此六者，地之道也，将之至任，不可不察也。

故兵有走者，有弛者，有陷者，有崩者，有乱者，有北者。凡此六者，非天之灾，将之过也。夫势均，以一击十，曰走。卒强吏弱，曰弛。吏强卒弱，曰陷。大吏怒而不服，遇敌怼而自战，将不知其能，曰崩。将弱不严，教道不明，吏卒无常，陈兵纵横，曰乱。将不能料敌，以少合众，以弱击强，兵无选锋，曰北。凡此六者，败之道也，将之至任，不可不察也。

夫地形者，兵之助也。料敌制胜，计险厄远近，上将之道也。知此而用战者必胜，不知此而用战者必败。故战道必胜，主曰无战，必战可也；战道不胜，主曰必战，无战可也。故进不求名，退不避罪，唯人是保，而利合于主，国之宝也。

视卒如婴儿，故可与之赴深豀，视卒如爱子，故可与之俱死。厚而不能使，爱而不能令，乱而不能治，譬若骄子，不可用也。

知吾卒之可以击，而不知敌之不可击，胜之半也；知敌之可击，而不知吾卒之不可以击，胜之半也；知敌之可击，知吾卒之可以击，而不知地形之不可以战，胜之半也。故知兵者，动而不迷，举而不穷。故曰：知彼知己，胜乃不殆；知天知地，胜乃不穷。

《孙子兵法》的九到十一篇，也就是《孙子兵法·行军篇》《孙子兵法·地形篇》《孙子兵法·九地篇》这三篇主要讲了一件事，就是军事地理。《孙子兵法·行军篇》讲的是地理环境对战斗指挥的影响，所以涉及的是行军、宿营和战斗侦察问题。而《孙子兵法·地形篇》要讲的是军队在不同地理环境中的作战原则，在层次上，更偏战役层面。曹操对《孙子兵法·地形篇》标题的注解是："欲战，审地形以立胜也"，算是总结了全篇的主题。

　　人是一种陆地生物，我们的生存发展都不可避免地要受到地理环境的影响。战争作为最激烈的人类群体活动，当然也不可能摆脱这种限制。地理环境，咱们可以把它粗略地分为地形和地物两部分。简单来说，高山、平原、峡谷、盆地，这些叫地形。森林、湖泊、江河、沙漠，这些叫地物。至于什么样的地形搭配什么样的地物，这个是不确定的。比如，同样是沙漠，中国的塔克拉玛干沙漠，海拔有 1000 多米；而中亚的卡拉库姆沙漠，海拔就只有 100 多米。

从过往的历史来看，地物对军队行动的影响更大，地形的影响其次。对人类主要生活的北半球中低纬度地区来说，尤其如此。阿尔卑斯山虽然险峻，但是迦太基的军队照样可以翻越。而海拔更低的中欧森林地带，却长期成为罗马军队控制日耳曼人的障碍。为什么会这样呢？因为地形是一种宏观大环境，而地物却是人类接触最多、对人类行动影响也最直接的东西。

以蚂蚁为例：

一面围墙，对蚂蚁来说，简直就是一座山。但是，从蚂蚁的视角来看，可以从围墙上找到一个平面，行动反而是自由的。而一片草地，虽然地形更加平缓，但是对蚂蚁来说，影响行动的地物却更多了。

《孙子兵法》里所说的地形，指的就是地形和地物混合构成的整体地貌。

在很早之前，人们就开始注意总结地理环境对军事行动的影响。《易经·师卦·六四》就说："师左次，无咎。"意思是：要想保障安全，军队就必占有利的位置。而《孙子兵法·地形篇》的核心思想就是阐述各种地理环境的特点和相对应的作战方式。

孙子认为，在战役层面上，地理环境可以分为六种：通、挂、支、隘、险、远。

通

对敌我都不构成阻碍的地形叫"通"。
这种地形一般都比较平缓，因为平缓，所
以行动也会比较自由。因此，面对这种地
形，必须抢先占领制高点，掩护己方的交
通线。"通"是一种对敌我双方都比较公
平的地形，也比较方便行军。历史上很多
大兵团会战都是发生在这种地形上。

挂

进去很容易，但是很难回来，这种地
形叫"挂"。孙子不厌其烦地强调行动自
由对军队的重要性。这种自由不仅包括前
进的自由，也包括后退的自由。而"挂"
这种地形，就妨碍了后退的自由。孙子认

为，对于"挂"，如果敌人没有防备，可以进去打一下；如果敌人有防备，进去之后，万一无法获胜，再想顺利撤退，就非常困难了。夷陵之战就是典型案例。在刘备出兵三峡之前，就有人劝阻说：水军顺流而下当然很容易，但是要想撤回来，可就难了。[1]最后的结果和孙子所说的一模一样。陆逊已经有了防备，刘备无法获胜，但是也无法顺利撤退，最后全军覆没。

支

对敌我都不利的地形叫"支"。孙子认为，对于这种地形，最好还是引诱敌人进去。

---

[1] 参见《三国志·黄权传》："水军顺流，进易退难。"

隘、险

这是两种优势最突出的地形，谁先占据，谁就先取得优势地位。它俩的区别是："隘"控制的是交通线，"险"控制的是地区。也就是说，"隘"控制的是点和线，"险"控制的是面。敌人先占领了"隘"，就会阻碍我方的前进。但是，敌我实际是同处在一条线上，我方无法前进，敌人虽然占据了优势地形，但也无法前进。如果敌人占据了"险"，那么敌人的行动自由就超过了我方。孙子认为，这个时候，最好还是选择撤退，脱离和敌人的接触。这样，敌人通过"险"来控制面的优势，就没有用了。"隘"的典型例子是剑门关，而"险"的典型例子就是虎牢关。

远

对敌我双方来说，距离都很远的地方就叫"远"。这种地区对双方都没有什么很好的机会，既然如此，那干脆就不要去了。

地形只是实施作战的背景条件，本身并不能完全决定作战的结果。在《孙子兵法·行军篇》，孙子认为，能利用地形实施什么样的战术手段，要看士兵的训练情况，最好能做到："令素行者，与众相得也"。这些事是战斗层面的要求，那在战役层面上对军队又有什么要求呢？

孙子认为，在战役层面上，能否利用好地形，主要问题在于将领。如果将领不合格，就会出现六种现象：走、弛、陷、崩、乱、北。

明明敌我实力差不多，却造成了己方以少打多的局面，叫"走"。

士兵素质很强，但是指挥官能力不行，叫"驰"。

士兵素质不行，但是指挥官能力很强，叫"陷"。

将领不清楚指挥官的能力，导致指挥官因为愤怒而不听指挥，叫"崩"。

将领软弱无能，内部管理一塌糊涂，叫"乱"。

将领搞不清楚敌人的情况，军队被迫以少打多，同时也没有组织精锐部队担任战役支撑，这种情况叫"北"。

在孙子看来，战术实施靠士兵，战役实施靠将领。军队出现以上六种情况，原因并不是地形或者其他自然因素，而是将领的责任。项羽在垓下战败之后，对别人说："天之亡我，非战之罪也。"在孙子的理念中，项羽作为将领根本就不合格。

如果《孙子兵法·行军篇》是给连长、排长看的，那《孙子兵法·地形篇》就是给师长、团长看的。在《孙子兵法·行军篇》的最后，孙子指出，要做好士兵的训练工作，得先取得士兵的信任。在《孙子兵法·地形篇》的最后，孙子也谈到将领和士兵的关系问题。

孙子认为，将领要想在各种地形造成的危险和苦难之下，还能高效地指挥军队，保证军队不崩溃，就必须要先做到爱兵如子。

父亲为什么要培养自己的儿子，教育他、训练他呢？就是为了让他去承担更大的责任，创造更好的事业。这一点和将领对士兵的期望是一样的。因此，将领也应该像父亲那样，爱兵如子，但又不能溺爱。否则，把士兵培养成了骄兵，就如同把儿子培养成了骄子。骄兵和骄子，对军队、对家庭都是没有帮助的。

　　一个将领，如果能做到了解自己的士兵——知吾卒，了解敌人——知敌，了解地形——知地形，那么，战场的情况变化就不会再对他产生困扰，他的应对也会更加灵活多变。这才是"知己知彼"的完整意思。"故曰：知彼知己，胜乃不殆；知天知地，胜乃不穷。"

地形篇

第十一章

九地篇：
置之死地的两个真相

九地篇

孙子曰：用兵之法，有散地，有轻地，有争地，有交地，有衢地，有重地，有圮地，有围地，有死地。诸侯自战其地者，为散地。入人之地不深者，为轻地。我得则利，彼得亦利者，为争地。我可以往，彼可以来者，为交地。诸侯之地三属，先至而得天下之众者，为衢地。入人之地深，背城邑多者，为重地。行山林、险阻、沮泽，凡难行之道者，为圮地。所由入者隘，所从归者迂，彼寡可以击吾之众者，为围地。疾战则存，不疾战则亡者，为死地。是故散地则无战，轻地则无止，争地则无攻，交地则无绝，衢地则合交，重地则掠，圮地则行，围地则谋，死地则战。

所谓古之善用兵者，能使敌人前后不相及，众寡不相恃，贵贱不相救，上下不相收，卒离而不集，兵合而不齐。合于利而动，不合于利而止。敢问："敌众整而将来，待之若何？"曰："先夺其所爱，则听矣。"兵之情主速，乘人之不及，由不虞之道，攻其所不戒也。

凡为客之道，深入则专。主人不克，掠于饶野，三军足食；谨养而勿劳，并气积力；运兵计谋，为不可测。投之无所往，死且不北。死焉不得，士人尽力。兵士甚陷则不惧，无所往则固，深入则拘，不得已则斗。是故其兵不修而戒，不求而得，不约而亲，不令而信。禁祥去疑，至死无所之。

吾士无余财，非恶货也；无余命，非恶寿也。令发之日，士卒坐者涕沾襟，偃卧者涕交颐。投之无所往者，诸、刿之勇也。

故善用兵者，譬如率然；率然者，常山之蛇也。击其首则尾至，击其尾则首至，击其中则首尾俱至。敢问："兵可使如率然乎？"曰："可。"夫吴人与越人相恶也，当其同舟而济，遇风，其相救也如左右手。是故方马埋轮，未足恃也；齐勇若一，政之道也；刚柔皆得，地之理也。故善用兵者，携手若使一人，不得已也。

将军之事，静以幽，正以治。能愚士卒之耳目，使之无知。易其事，革其谋，使人无识；易其居，迂其途，使人不得虑。帅与之期，如登高而去其梯。帅与之深入诸侯之地，而发其机，焚舟破釜，若驱群羊，驱而往，驱而来，莫知所之。聚三军之众，投之于险，此谓将军之事也。九地之变，屈伸之利，人情之理，不可不察。

凡为客之道，深则专，浅则散。去国越境而师者，绝地也；四达者，衢地也；入深者，重地也；入浅者，轻地也；背固前隘者，围地也；无所往者，死地也。是故散地，吾将一其志；轻地，吾将使之属；争地，吾将趋其后；交地，吾将谨其守；衢地，吾将固其结；重地，吾将继其食；圮地，吾将进其涂；围地，吾将塞其阙；死地，吾将示之以不活。故兵之情：围则御，不得已则斗，过则从。

是故不知诸侯之谋者，不能预交；不

知山林、险阻、沮泽之形者，不能行军；不用乡导者，不能得地利。四五者，不知一，非霸王之兵也。夫霸王之兵，伐大国，则其众不得聚；威加于敌，则其交不得合。是故不争天下之交，不养天下之权，信己之私，威加于敌，故其城可拔，其国可隳。

施无法之赏，悬无政之令；犯三军之众，若使一人。犯之以事，勿告以言；犯之以利，勿告以害。投之亡地然后存，陷之死地然后生。夫众陷于害，然后能为胜败。故为兵之事，在于顺详敌之意，并敌一向，千里杀将，此谓巧能成事者也。

是故政举之日，夷关折符，无通其使，厉于廊庙之上，以诛其事。敌人开阖，必亟入之。先其所爱，微与之期。践墨随敌，以决战事。是故始如处女，敌人开户；后如脱兔，故不及拒。

《孙子兵法·九地篇》是《孙子兵法》十三篇里内容最多的一篇，占了《孙子兵法》总字数的六分之一。

1972 年，山东省临沂市银雀山墓葬群出土的《孙子兵法》，是目前已知的最早版本。《孙子兵法》出土的地方是墓葬群的 1 号汉墓。根据 1 号汉墓的陪葬钱币来判断，埋葬时间应该是汉武帝元狩年间，公元前 122 年到公元前 117 年之间。人们一般根据这个版本的《孙子兵法》来鉴别之后出现的《孙子兵法》。但是，1 号汉墓的这个版本的《孙子兵法》又是哪来的呢？①

---

① 参见《银雀山汉墓的年代与墓主人考略》。

汉朝刚建立的时候，社会上流传的模仿《孙子兵法》的著作非常多，至少有 182 种。当时的汉朝政权任命张良和韩信对这些著作进行了整理，最后只保留了 35 种[①]。根据时间顺序来判断，银雀山 1 号汉墓出土的《孙子兵法》应该就是张良和韩信整理之后的版本[②]。

有观点就认为，在这个整理的过程中，秦末汉初的一些东西被塞进了《孙子兵法》的原文。理由是，在《孙子兵法·九地篇》里出现了一些比较奇怪的东西。比如："焚舟破釜"。这个来自项羽巨鹿之战的典故，在《孙子兵法·九地

[①] 参见《汉书·艺文志》："汉兴，张良、韩信序次兵法，凡百八十二家。删取要用，定著三十五家。"
[②] 参见《〈孙子兵法〉的版本与校勘研究》。

篇》出现，就显得非常奇怪。①

　　而且，《孙子兵法·九地篇》的行文布局和其他篇章迥然不同。日本学者阿多俊介就认为，《孙子兵法·九地篇》"不类《孙子》之文体"。一个突出的表现就是，重复现象。《孙子兵法·九地篇》下半部分的内容和文章结构，同上半部分几乎一样。

　　所以，有些观点就认为，《孙子兵法·九地篇》要么整篇都是后人的伪作，要么重复的部分是后人添加的注解。或者有观点认为干脆就是张良和韩信改写了《孙子兵法》的原篇。实事求是地说，作为秦末汉初最杰出的谋略家和军事家，如

----

① 参见《史记·项羽本纪》："项羽乃悉引兵渡河，皆沈船，破釜甑。"

果真要对《孙子兵法》动手脚，恐怕也只能是他们俩才够资格。

从《孙子兵法·行军篇》的战斗影响，到《孙子兵法·地形篇》的战役影响，再到《孙子兵法·九地篇》的战略影响，《孙子兵法》完整地论述了地理环境和战争各个层次的互动关系。作为讲述军事地理的最后一篇，在《孙子兵法·九地篇》里，"地"所指的不再是具体的山和水，而是军队在作战时所处的地缘状态。

散地

在自己的国土上对抗敌人，士兵就容易溃散，叫"散地"。这种状态不适合进行作战，如果非作战不可，就得注意保持军心的稳固。

轻地

刚刚越过敌人的边境，撤退比较容易，叫"轻地"。这种地方最好不要停留，应该快速通过。这种状态下，军队要集中兵力，各部队之间不要拉开距离。

争地

军队进入敌国之后，那种对敌我都有利的地区，叫"争地"。如果敌人已经抢先占领争地，就不要进行强攻。在争夺这种地区的时候，要保持军队的持续攻击力。

交地

交通便利的平坦地区，叫"交地"。在这种地方，要特别注意保持各部队之间互相支援，注意防守，以免被敌人分割包围。

衢地

多国交接地带，叫"衢地"。谁先占领衢地，就可以控制各国之间的交通线和连接点。在这种地方，得特别注意和其他国家的联系，关注他们的动态，不能让他们倒向敌人。因此，这种地方必须抢先占领，但又要非常小心。

重地

军队已经深入敌境，在军队的背后是敌国大量的城镇和人口。这个时候，我方的后勤补给线就会显得特别脆弱，但也因此有了因粮于敌的条件。

圮地

通行条件很差，交通不便的地区，叫"圮地"。在这种地方要快速通过。

围地

进攻通道狭窄，撤退的路线又非常曲折，有利于敌人发挥兵力优势。一旦进入这种地区，军队就有被围困的危险，在这种地方要非常注意战术手段的运用，尽快脱离险境。

死地

如果各种战术手段都失败，没有在"围地"脱离险境，那接下来的局面就会非常危险。必须要拼死一搏才有可能死里求生。这个时候就得抱有必死的决心才行。

九地，就是一支军队从越过边境到深入敌人国土的过程。孙子列举了九种在这个过程中军队可能遭遇的状态，以及相应的应对策略。其中，最值得我们关注的是**衢地**。

国际斗争是一种多重博弈，每个相关国家都可能对最终的结果产生影响。孙子认为，最好的策略是从一开始就把敌国和其他国家隔离开。把混乱的国际纷争简化为一对一的较量，不允许其他第三方国家在自己辛苦发动的战争中占便宜。后来秦国的连横策略，就是这种策略的产物。我国在外交活动，特别是关乎国土的边境争端中，始终坚持双边原则，拒绝任何第三方势力的介入，也是这个思路。

　　如果说《孙子兵法·九地篇》有哪句话是知名度最高的，那肯定是："投之亡地然后存，陷之死地然后生。"也就是通常所说的："置之死地而后生"。

　　整部《孙子兵法》一直在强调趋利避害，强调防患于未然。但是，兵无常势，水无常形，一切都在变化中，谁也不能保证万无一失。一旦面临绝境，陷入了孙子所说的"绝地"状态，这个时候该怎么办呢？

孙子认为，即使陷入了死地，将领也要保持冷静，因为还有最后的一个办法——拼死一搏。不仅要死战，还得速战。正所谓："疾战则存，不疾战则亡者，为死地。"

置之死地的思想，是源于对人性趋利避害的认识。

每个人都有趋利避害的倾向。所以，一支军队要避免在国内作战。曹操在注解里说：士兵都是想家的，如果在国内碰上危险，他们就想跑回去。当一个人面临生死存亡的危险，他才能抛开其他思想的干扰，专心致志地为自己的生存而战斗。只有当士兵觉得作战是为了自己的时候，他才能勇敢地面对困难和死亡。

置之死地，不是故意放弃自己的优

势。这不是一个战术问题，而是战略问题。在孙子看来，只要进入敌人的国土，就已经算是死地了。

对于置之死地的方法，孙子说得很清楚，而且说了两遍。这正是孙子两次强调的军队出境作战原则："深则专，浅则散。"只有深入敌境，才能统一士兵的思想；只有主动进攻，才能让士兵时刻保持紧张状态。军队深入敌人的国土，士兵必须依靠自己的团队才能生存。只有不断地进攻，才能让士兵为了自己的生存而战斗。

所以，孙子才说"兵之情主速，乘人之不及"。军队的行动一定要快。这么做不仅是为了攻击敌人，同时也是为了维持军队。一旦战斗陷入僵持，士兵暂时脱离危险的环境，心理状态就可能发生变化。

在陷入死地的时候，孙子强调必须"疾战"。必须在士兵的恐惧压倒勇气之前，尽快发动反击。这是因为，在面临绝境的时候，除了拼死一搏之外，投降也是一条出路。

九地篇

第十二章

火攻篇：
暴力的成本问题

火攻篇

孙子曰：凡火攻有五：一曰火人，二曰火积，三曰火辎，四曰火库，五曰火队。行火必有因，烟火必素具。发火有时，起火有日。时者，天之燥也；日者，月在箕、壁、翼、轸也。凡此四宿者，风起之日也。

凡火攻，必因五火之变而应之。火发于内，则早应之于外。火发兵静者，待而勿攻，极其火力，可从而从之，不可从而止。火可发于外，无待于内，以时发之。火发上风，无攻下风。昼风久，夜风止。凡军必知有五火之变，以数守之。

故以火佐攻者明，以水佐攻者强。水可以绝，不可以夺。

夫战胜攻取，而不修其功者凶，命曰费留。故曰：明主虑之，良将修之，非利不动，非得不用，非危不战。主不可以怒而兴师，将不可以愠而致战。合于利而动，不合于利而止。怒可以复喜，愠可以复悦，亡国不可以复存，死者不可以复生。故明君慎之，良将警之。此安国全军之道也。

"大规模杀伤性武器"这个词，大家应该多少都听过。1991 年联合国安理会第 687 号决议首次把核武器、生物武器和化学武器并称为大规模杀伤性武器。那两千多年前的春秋战国时期，能称得上大规模杀伤性武器的，又是什么呢？那就是水和火了。从可操作性上来说，使用最多的还是火。

孙子认为，实施火攻的方式有五种：

火人

通过焚烧敌军营地，直接杀伤人员。《公羊传·桓公七年》记录了历史上的第一次火攻战术。后来，班超通西域，在鄯善斩杀匈奴使者，也使用了火攻。[①] 再后来东汉末年，皇甫嵩长社之战，赤壁之战，夷陵之战，都大规模使用了火攻战术。

---

① 参见《后汉书·班超传》"会天大风，超令十人持鼓藏虏舍后，约曰：'见火然，皆当鸣鼓大呼'……余众百许人悉烧死。"

火积

"积"的本义是粮食堆积的样子[1]。顾名思义，"火积"就是针对粮食储备下手。南北朝末期，隋朝就把火攻战术提高到了战略层面，连续几年派人到江南纵火，消耗陈国的粮食储备[2]，可以说简直是国家恐怖主义。

火辎、火库

这两种其实说的是一回事。按照唐朝杜牧的解释，物资补给还在车上的时候，叫"辎重"。放到库房里保管起来的物

---

[1] 参见《说文解字》："禾谷之聚曰积。"
[2] 参见《隋书·高颎列传》："可密遣行人，因风纵火，待彼修立，复更烧之，不出数年，自可财力俱尽。"

资，叫"库存"。① 焚毁敌方的辎重，叫
"火辎"。焚毁敌方的库存，叫"火库"。

火队

关于什么叫"队"，存在争议。唐朝
的李筌认为"队"就是军队的兵器装备；
杜牧认为"队"指的是行军队列。②另外，
"队"和"隧"是通假字。所以，同样生
活在唐代的贾林就认为，"队"指的是险
要地形上的道路。"火队"就是通过破坏
道路来斩断敌人的补给线③。

---

① 参见杜牧注："器械财货及军士衣装，在车中上道未止曰辎，在城营垒已有止舍曰库，其所藏二者皆同。"
② 参见李筌注："焚其队仗兵器。"杜牧注："焚其行伍，因乱而击之。"
③ 参见贾林注："隧，道也。烧绝粮道及转运也。"

要实施火攻，有三个条件：

1. 行火必有因

最好是在敌军内部安排内应，或者寻找一个有机可乘的地点。①

2. 烟火必素具

纵火的工具得准备好。

3. 发火有时，起火有日

得选一个好日子。

有一本古书叫《拊掌录》，里面有这么一段话："月黑杀人夜，风高放火天。"

---

① 参见李筌注："因奸人而内应也。"陈皞注："须得其便，不独奸人。"

即使是罪犯，他们干坏事的时候，也要挑日子，更不要说军事行动了。

要实施火攻，首先得有可燃物，然后得有风，正所谓："天之燥也……风起之日也。"天气是否干燥，能直观地判断出来。那怎么才能知道什么时候起风呢？孙子认为，在"箕、壁、翼、轸"这四个时间段会起风。

这四个都是二十八星宿的一部分。在中国古代，人们把一整年可以见到的星空大致归类成以二十八个明亮的恒星为中心的群落。为了方便理解，我们也可以把它们看作二十八个星座。其中，"箕"可以对应现在的人马座，"壁"可以对应现在的飞马座，"翼"可以对应现在的巨爵座，"轸"可以对应现在的乌鸦座。

在人类肉眼看来，月亮绕地球公转，

每个月都会从"箕、壁、翼、轸"四个星宿各经过一次。也就是说，每个月有 4 天起风的可能性最大，每年有 48 天适合放火。为什么这 4 天最有可能起风呢？有一种看法认为，月亮不仅能引发地球、海洋的潮汐作用，其实地球大气的运动也会受到月球引力的影响。当月亮经过这 4 个星宿的时候，差不多也是月球引力对地球大气作用最大的时候，所以，引发大气潮的可能性也最大。而风的本质就是大气运动。

南宋的张预在给《孙子兵法》做注解的时候，还提到了一种探测风的办法：把鸡的羽毛挂在五丈高的竹竿上。这就很有一点儿现代风向仪的意思了。

无论如何单纯依靠放火，是无法打败一支军队的，放火只是一种策应其他战术的手段。无论赤壁之战还是夷陵之战，真正战胜敌人的都不是火灾本身，而是火灾造成混乱之后趁势发起的进攻。所以孙子说"极其火力，可从而从之"。

为什么要专门讲解火攻而不是水攻呢？关于这一点，孙子也给出了解释。他说："水可以绝，不可以夺。"水攻的效果更多的是在于围困敌人，限制敌人的机动性。这种策略需要一段时间才能发挥作用。时效性不如火攻，而且两者所需要动员的人力、物力也有很大区别。火攻的军事成本要比水攻低很多。所以，孙子认为，火攻可以用于战术层面，而水攻只能用于战役层面。

火攻只是众多战术手段的一种，孙子单独把它拿出来说，主要还是因为它是一种非常规的作战方式。孙子拿火攻这种非常规手段做例子，真正要表达的还是控制战争规模的思想。

　　在孙子的理念中，战争只是实现政治目的的手段之一，而战斗和厮杀也只是实现战争目标的手段之一。军队之间的互相屠杀只是战争的一部分，杀戮不等于战争，战争的目的不是杀人。

　　战争应该是一个指标明确的系统工程，要想达标需要具备各方面的要素。为了目标不择手段，是一个军事指挥过程中最容易发生的错误。如果一种手段造成的后果，最终会妨碍战争目标的达成，那么即使这种手段能解决眼前的问题，但是从长久来看，这种手段实施得越频繁，越有可能导致战争的失败。

　　之所以会发生本末倒置的情况，就是因为没有意识到一个本质问题：暴力也是有成本、有代价的。因此，对暴力的使用，必须经过精确的计算，也就是孙子所说的"非利不动，非得不用，非危不战"。如果实施暴力所获取的成果无法抵消为暴力所支付的成本，那这种对暴力的使用方式就是孙子所说的"费留"。战果辉煌，但是始终无法完成政治目的，甚至需要政治来为战争服务，这对国家来说是非常危险的。

现代历史中最典型的例子，就是美国发动的越南战争。

在这场战争里，美国的军事手段可以说达到了登峰造极的地步，消耗了超过二战三倍的弹药量。但是，始终不能取得政治上的突破。而且，战争规模不断扩大，以至于几乎失控。旷日持久的杀戮不仅给越南造成了惨痛损失，也在美国国内制造了严重的社会危机。

　　暴力和成本的关系，最极端的体现就是核武器。核武器是目前人类顶级暴力手段，就如同秦国通过兼并所有国家而消灭了兼并战争一样。核武器也通过把暴力推向极点，从而实现了恐怖平衡。因为，核武器这种终极暴力手段需要付出的成本是如此之高，以至于反而制约了对它的使用。

火攻篇

第十三章

用间篇:
情报工作原则

用间篇

孙子曰：凡兴师十万，出征千里，百姓之费，公家之奉，日费千金；内外骚动，怠于道路，不得操事者，七十万家。相守数年，以争一日之胜，而爱爵禄百金，不知敌之情者，不仁之至也，非人之将也，非主之佐也，非胜之主也。

故明君贤将，所以动而胜人，成功出于众者，先知也。先知者，不可取于鬼神，不可象于事，不可验于度，必取于人，知敌之情者也。

故用间有五：有因间，有内间，有反间，有死间，有生间。五间俱起，莫知其

道，是谓神纪，人君之宝也。因间者，因
其乡人而用之。内间者，因其官人而用
之。反间者，因其敌间而用之。死间者，
为诳事于外，令吾间知之，而传于敌间
也。生间者，反报也。

　　故三军之事，莫亲于间，赏莫厚于
间，事莫密于间。非圣智不能用间，非
仁义不能使间，非微妙不能得间之实。微
哉！微哉！无所不用间也。间事未发而先
闻者，间与所告者皆死。

　　凡军之所欲击，城之所欲攻，人之所
欲杀，必先知其守将、左右、谒者、门
者、舍人之姓名，令吾间必索知之。

　　必索敌人之间来间我者，因而利之，
导而舍之，故反间可得而用也。因是而
知之，故乡间、内间可得而使也。因是而
知之，故死间为诳事，可使告敌。因是而

知之，故生间可使如期。五间之事，主必知之，知之必在于反间，故反间不可不厚也。

昔殷之兴也，伊挚在夏；周之兴也，吕牙在殷。故惟明君贤将，能以上智为间者，必成大功。此兵之要，三军之所恃而动也。

在曹操的解释里，"间"就是指间谍。但是，这里的"间谍"和大家通常认为的又不完全是一回事，概念要更宽泛一些。从《孙子兵法·用间篇》的描述来看，"用间"指的应该是军事情报工作。《孙子兵法》十三篇，"知"这个字一共出现了79次。可见孙子对情报工作的重视。对情报的侦察可以大致分为战略、战役和战术三个层次。战术侦察的问题，孙子在《孙子兵法·行军篇》已经说过了。《孙子兵法·用间篇》主要讲的是情报工作中的战略侦察和战役侦察。

为了突出情报工作的重要性，孙子先带着读者重温了一下《孙子兵法·作战篇》的内容："兴师十万，出征千里，百姓之费，公家之奉，日费千金"。战争就是烧钱，但又不仅仅是烧钱。战争最大的危害之一，就是破坏了社会的正常秩序，也就是孙子所说的："内外骚动"。

"兵者，国之大事，死生之地，存亡之道"，国家的盛衰兴废，民族的生死存亡，从君主到普通的老百姓，大家的命运都取决于战争的结果，没有人可以独善其身，不受影响。所以，在战争的准备阶段，国家就要开始进行动员，统一调动全国的人力、物力、财力来为战争服务。整个国家要从和平状态转入战时体制，一切生产活动和社会行为都得服从军事的需要。孙子说，如果要组织十万人的军队进行战争，那至少得有七十万个家庭受到影响。曹操对此的解释是：古代以八户人家为一个单位，一家去当兵，需要其他七个家庭去供养他。十万人的军队，就会有七十万个家庭被迫脱离农业生产。

即使每家只按四口人计算，一次十万人规模的军事行动，就差不多要动员三百万人来提供服务。春秋战国时期，各主要国家的平均人口数大致也就只有几百万①，可以说是全国总动员了。

战争的成本是如此之高，牵涉的范围是如此之广，可想而知，作为军队的统

① 参见《中国人口史》。

帅，责任得有多大。前前后后折腾好几年，无数人付出了心血和生命，就是为了争取决定性的胜利。如果这个时候，因为不舍花钱，而导致情报工作不到位。这样的统帅简直是不仁不义到极点了。

在孙子看来，军队能取胜，就在于对敌人情报的掌握程度。而要掌握情报，鬼神占卜、日月星辰、过往的经验，这些获取情报的渠道统统是靠不住的，必须要依靠人才行。

而对情报人员的使用，大致有五种形式：

利用敌国的普通人去刺探情报，叫"**因间**"。

收买敌人的官吏为我方提供情报，叫"**内间**"。

利用敌人派过来的情报人员向敌人提

供假情报，叫"**反间**"。

执行高危任务，有生命危险的，叫"**死间**"。

为了把情报带回，必须要保证生命安全的，叫"**生间**"。

注意，孙子在这里所说的是对情报人员的五种使用方式。而且从涉及的范围来看，这五种情报人员所负责的是战略或者战役情报。在这五种人员里，孙子最重视的是反间。反间的重要性在于不仅可以通过反间获取敌人的内部情报，还可以利用反间直接欺骗敌人的情报机关。

任何军事行动的前提都是准确情报的获取，情报工作的细致程度就决定了军事计划的有效性。所以，哪怕是对敌方看门跑腿的，都要做到充分了解。在《孙子兵法》的第一篇，孙子就说过：军事工作的关键就在于隐蔽性。当双方都这么做的时候，战场就会变成一片迷雾，双方就在这片迷雾里展开搏斗。情报工作就是通过微弱的光影和闪动，来判断对方在迷雾里的轨迹。谁的判断更准确，谁就有机会发动致命一击。

情报对战争是如此重要，因此，情报机关必须由最高统帅直接控制。情报侦察是为了了解敌人的秘密，相应地，己方也必须做好保密工作，甚至可以用最残酷的手段保护机密。保密工作最典型的例子，就是长平之战中，秦国秘密更换将领①，秦军"令军中有敢泄武安君将者斩"。

因此，孙子说"非圣智不能用间，非仁义不能使间"。总之，要做好情报工

———————————

① 参见《史记·白起王翦列传》。

作，要管理好情报人员，这不是普通人能
胜任的工作。

用间篇

孙子的人本唯物论

终章

　　《孙子兵法》在哲学上体现出的最明显的特点有两个：**人本和唯物**。

　　在人类所有的社会活动中，最激烈的就是战争，人类所有的思想成果和技术手段都要在战争中接受检验。那些迷信的、含糊的东西，在战争里，特别是在春秋战国这种连绵不断、而且规模越来越大的混战里，是必然会被抛弃的。最后能从战争中走出来的，一定是那些更本质的道理。

　　在战争里，要想生存就必须积极地想办法，就必须发挥人的主动性。一两场战争的结果可能会有意外，但是，持续几百年的混战，即使从统计数据上看，能决定战争结果的，还是人。人是战争的核心元素，战争就是一个组织人然后发挥人的集体能力的过程。因此，人本思想，也就很自然地产生了。关于这一点，孙子在《孙子兵法·始计篇》就说得很清楚。关乎胜败的"五事"和"七情"，没有任何神秘主义的东西，所有的战争要素，都和人有关。

孙子强调人的作用，但是并没有掉进唯意志论的陷阱。

没有比战争更讲求实事求是的工作了。一丝一毫的侥幸、含糊不清和自以为是，都可能身死国灭。严酷的局面让人们不得不去研究各种事物之间的现实联系，分析事物的本质，考察事物的作用。最终，人们对世界的认知更加深入，也更加理性。影响战争结果的要素是多方面的，而且，这些要素之间既充满了矛盾，又互为依托。当人们意识到了这一点，朴素的唯物论也就产生了。奇正，虚实，利害，内外，进退，这些辩证的军事哲学就很好地反映了孙子的唯物论倾向。

　　战争是一件很重要的事情，需要用严肃谨慎的态度去对待。但是，战争并不神秘，它有自己的规律和原则。这些规律和原则是可以被了解的，是可以被掌握的。这就是《孙子兵法》要说的事情。

草说木言

哔哩哔哩 历史类知名科普UP主

漫谈中国历史上首个狂飙突进的时代
带我们认识中国历史和中华文明的关键

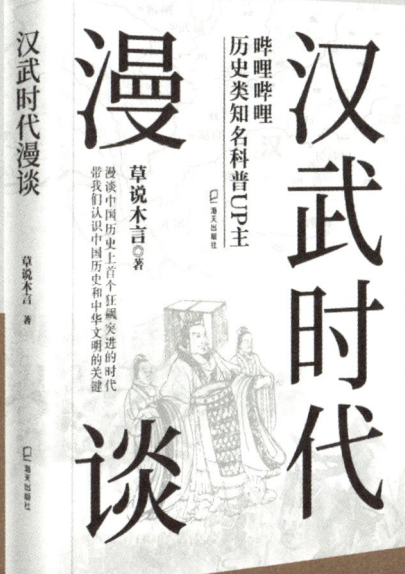

大漠戈壁里的戍卒，沟渠大堤上的劳工，西域道路上奔波的使者，
田地间种植庄稼的农夫……更多人的生活和故事，我们永远也无法
知道了。我们能做的只是通过有限的信息，去管窥这个曾经鲜活的
世界。史书没有记录这些人，但我们知道，他们是存在的。

草说木言的
个人空间